ANTJE BEK

MENSCH DER NEUEN ZEIT

HERAUSFORDERUNGEN UND CHANCEN

ZUM PÄDAGOGISCHEN JUGENDKURS RUDOLF STEINERS

Antje Bek

Mensch der neuen Zeit – Herausforderungen und Chancen

Bibliografische Information der Deutschen Nationalbibliothek:
Die Deutsche Nationalbibliothek verzeichnet diese Publikation
in der Deutschen Nationalbibliografie; detaillierte bibliografische Daten sind im Internet über http://dnb.dnb.de abrufbar.

© 2023 Antje Bek

Lektorat: Jens Göken

Umschlagfoto: Warren/Unsplash

Herstellung und Verlag: BoD – Books on Demand, Norderstedt

ISBN: 978-3-7578-2103-6

„Aber was in einer Zeit den Ton angegeben hat, das wurde vielfach bald ersetzt durch das, was unterdrückt war."

Rudolf Steiner am 23. April 1924 in Dornach[1]

Inhaltsverzeichnis

EINLEITUNG

Die „Neue Zeit", „Kinder der neuen Zeit", darüber wird heute viel gesprochen, verbunden mit einem diffusen Gefühl, dass sich die Zeitqualität ganz offensichtlich immer wieder zu verändern scheint. Wir alle sind Kinder einer neuen Zeit, deren Beginn Rudolf Steiner etwa auf den Beginn des 20. Jahrhunderts datiert hat. Nach dem Ende des spirituell betrachtet „finsteren Zeitalters" begann vor etwas mehr als 100 Jahren eine Zeit, in der jeder Mensch die verschlossenen Tore zur geistigen Welt öffnen und wieder Licht hereinlassen kann.

Im Oktober 1922 sprach Rudolf Steiner zur ersten Generation der neuen Zeit, zu jungen Menschen, die wenig bis gar nicht mit der Anthroposophie vertraut waren.

Aspekte der neuen Zeit beschreibt Rudolf Steiner in seinen Vorträgen aus unterschiedlichen Blickwinkeln. Die großartigen Entwicklungsmöglichkeiten, die mit ihr verbunden sind, beinhalten jedoch auch Herausforderungen an diejenigen, die aktiv werden möchten. Da wir noch immer am Beginn des „lichten Zeitalters" stehen, kann uns als Nachgeborene das, was Rudolf Steiner damals erläuterte, auch heute noch berühren und manche Zeiterscheinung verständlicher machen.

Die dreizehn Vorträge, die Rudolf Steiner vom 3. bis 15. Oktober 1922 in Stuttgart hielt, sind unter dem Titel „Geistige Wirkenskräfte im Zusammenleben von alter und junger Generation" erschienen. Sie werden auch als *Pädagogischer Jugendkurs* bezeichnet und sind jetzt im Band 217 der Gesamtausgabe zu finden.[2]

In jedem Kapitel des Buches gehe ich in der entsprechenden Reihenfolge auf einen der dreizehn Vorträge Rudolf Steiners ein. Es werden nur ausgewählte Gesichtspunkte, die in mir besondere Resonanz gefunden haben, behandelt. Mir ist bewusst, dass dadurch andere wesentliche Gesichtspunkte nicht berücksichtigt werden.

Die Beiträge der einzelnen Kapitel sind zunächst auf dem Blog meiner Website erschienen, für dieses Buch wurden sie aktualisiert und überarbeitet. Wenn sich Menschen angeregt fühlten, anschließend selbst die erwähnten Vorträge zu lesen, wäre es mir eine große Freude!

MACHT DIE FENSTERLÄDEN AUF!

Wie ist menschliche Gemeinschaft möglich?

ZUM ERSTEN VORTRAG VOM 3. OKTOBER 1922[3]

Vom 3. bis 15. Oktober 1922 hielt Rudolf Steiner einen Kurs für junge Menschen in Stuttgart. Diesem Kurs waren Auseinandersetzungen innerhalb der Anthroposophischen Gesellschaft zwischen älteren und jüngeren Mitgliedern vorausgegangen, die Jüngeren hatten sich daraufhin an Rudolf Steiner gewandt und ihn um einen Kurs gebeten.

Den Vortrag des ersten Tages beendet Rudolf Steiner mit einem Bild, das die Kluft zwischen älterer und jüngerer Generation charakterisieren möchte: Er spricht über Goethe und dessen angeblich letzte Worte, kolportiert als Ruf an seine Nachwelt: „Mehr Licht!" Diese Worte entsprächen jedoch nicht der Wahrheit und seien letztlich im Laufe der Zeit zu einer reinen Phrase geworden. Tatsächlich hätte Goethe in einem Liegestuhl gelegen, schwer geatmet und gerufen: „Macht die Fensterladen auf!"[4] Dieser Ausspruch sei im Sinne eines Rufes an seine Nachwelt vielleicht besser zu gebrauchen.

Was meint Rudolf Steiner damit? Er macht den vor ihm sitzenden jungen Menschen deutlich, dass ihnen eine Generation vorangeht, die in einer völlig anderen seelischen Verfassung lebe, als sie selbst, ein tiefer Graben tue sich auf. Die alte Generation hat die Fensterläden zugemacht, was in gewissem Sinne Folge einer notwendigen Entwicklung über mehrere Jahrhunderte hinweg war, wie sie von Rudolf Steiner in diesem Vortrag ausführlicher beschrieben wird. Es wurde dunkel und am Ende fehlte die frische Luft zum Atmen. Die junge Generation, die mit einer ganz anderen Seelenkonfiguration geboren wurde, spürt in sich eine Sehnsucht, diese Fensterläden wieder zu öffnen. „Mehr Licht!" kommt jedoch nicht von allein herein, sondern dazu ist eine seelische Aktivität notwendig, die die geschlossenen Fensterläden wieder zu öffnen vermag.

SEELENPRÜFUNGEN

Rudolf Steiner beschreibt, in welche äußere Situation die jungen Menschen hineingeboren wurden, ohne Anklage, aber mit klarem Blick. Im Jahre 1922, als er diesen Vortragszyklus hielt, war der erste Weltkrieg gerade vier Jahre vorüber. Ein Teil der Menschen, die vor ihm saßen, hatten dieses Geschehen als

Jugendliche miterlebt, andere mögen selbst als Soldaten dabei gewesen sein. Was hatte das in ihren Seelen bewirkt?

„Ich kann Ihnen zunächst nur einige Empfindungen schildern, um zu zeigen, was da alles in chaotischer Weise durcheinanderstrebte, als das zwanzigste Jahrhundert herankam, jenes Jahrhundert, das Sie, meine jüngeren Freunde, vor harte innere Seelenprüfungen gestellt hat."[5]

Harte, innere Seelenprüfungen haben die damaligen Zeitereignisse für die „jüngeren Freunde" bedeutet – wie sieht es gegenwärtig für junge Menschen aus, die mit individuellen Impulsen auf die Erde gekommen sind? Was bedeutet es für einen jungen Menschen, der sein Leben vor sich sieht – wenn auch vielleicht nur schemenhaft und undeutlich – und nun feststellen muss: So, wie ich immer dachte, wird das Leben nicht weitergehen. Dem, was ich machen wollte, was ich an Impulsen in mir trage, stellen sich unerwartete, bis dato unvorstellbare Hindernisse entgegen? Welche Seelenprüfungen haben junge Menschen während der Zeiten von Lockdowns sowie der Ausgrenzung von Ungeimpften durchmachen müssen? Einige mehr als vorher „üblich" haben diese Seelenprüfungen nicht überwinden können und ihrem Leben ein Ende gesetzt. Welche Prüfungen mögen aktuell junge russische und ukrainische Seelen durchleben?

ÄUSSERES ALS AUSDRUCK DES INNEREN

Dann beschreibt Rudolf Steiner, dass die Ereignisse des ersten – wie er es nennt – „furchtbaren, grausigen" Weltkrieges lediglich der Ausdruck dafür seien, was in den Seelen der Menschen generell herrsche. All die Ereignisse des letzten Jahrhunderts, aber auch die aktuellen Geschehnisse, können auf diese Weise betrachtet werden: Als Ausdruck dessen, was in den Seelen der

Menschen lebt, zeigen sie im Außen lediglich ein Inneres. Und an diesem Inneren, so lautet die damit verbundene Aufforderung an uns, sollten wir vor allem arbeiten.

EIGENER STANDPUNKT UND MENSCHLICHE GEMEINSCHAFT

Welche innere Verfassung der Menschheit zeigt sich im Außen, z.b. in aktuellen Ereignissen, und wie hängen die „geschlossenen Fensterläden" damit zusammen? Im Kern geht es um die Beziehungen zwischen den Menschen, in denen jeder schon „geschlossene Fensterläden" erlebt haben wird. Wer hat nicht Begegnungen gehabt, in denen er sich unverstanden fühlte oder in denen er einen Mitmenschen nicht verstehen konnte? Rudolf Steiner charakterisiert die Ursache dieser Erlebnisse knapp und präzise:

> *„Das meiste Interesse hat jeder Mensch nur an sich selber."*[6]

Er erläutert diese Worte wiederum mit Hilfe eines Bildes: Solange wir uns in der physischen Welt bewegen, steht jeder auf einem anderen Fleckchen Erde und sieht daher einen anderen Ausschnitt der Wirklichkeit. Jeder hat seinen eigenen, berechtigten Standpunkt. Und obwohl jeder etwas anderes sieht, gehört doch alles, was wir als individuelle Menschenwesen wahrnehmen, *einer* Welt an. Mit genügend „Herz und Willen" könne sich jeder doch leicht auch auf den Standpunkt des anderen stellen und von dort aus die Welt betrachten. Doch an diesem Herz und Willen fehle es heute. Jeder hat seinen „Standpunkt", jeder hat seine Meinung und macht den Fensterladen zu, indem er sich von seinem Nebenmenschen abschließt. Er macht sich nicht auf den Weg, fasst sich kein Herz, die Welt einmal aus dessen Blickwinkel zu betrachten in dem Bewusstsein, dass auch dessen

Sicht zu einer gemeinsamen, nicht nur physischen, sondern auch geistigen Welt gehört. Der Historiker Daniele Ganser rät, bei hitzigen Diskussionen dem anderen zu sagen: „Du hast ja auch ein wenig Recht." Darin spricht sich aus, dass der Blick des anderen auf die Welt zu einer gemeinsamen Welt gehört, selbst wenn ich ihm gar nicht zustimmen kann.

SEHNSUCHT NACH WAHRHEIT

Rudolf Steiner selbst ging in seinem Leben noch einen Schritt weiter, den man anhand seiner Autobiographie „Mein Lebensgang"[7] an vielen Beispielen eindrucksvoll nachvollziehen kann. Er konnte sich ganz auf die Gedankenart und die Gedankengänge seiner Mitmenschen einlassen, er konnte aus tiefstem Herzen verstehen, dass sie aufgrund ihrer Wesensart so denken mussten, wie sie dachten, selbst wenn dies in vollkommenem Gegensatz zu seinem eigenen Denken stand. Wir können also unseren eigenen Standpunkt auf eine Weise verlassen, durch die wir ganz in das *Wesen* des anderen Menschen untertauchen, um ihm dann innerlich von Herz zu Herz zu begegnen. Auf diesem Weg könnte in Zukunft wahre menschliche Gemeinschaft ermöglicht werden.

SEHNSUCHT NACH GEMEINSCHAFT

Rudolf Steiner erinnert die jungen Menschen daran, dass die Sehnsucht nach wahrer menschlicher Gemeinschaft in ihren Seelen sitze, und er sagt, dass sich diese Art der Sehnsucht in der Zukunft noch verstärken werde und damit zusammenhängend die Sehnsucht, Wahrhaftigkeit in der menschlichen Begegnung zu erleben, jenseits von Phrase, Routine und Konvention. Heute würde man vielleicht sagen: Jenseits von Lüge, Heuchelei und Vorgaben für „korrektes" Denken und Sprechen – Political Correctness eben. Als Sehnsucht nach „Herzhaftigkeit des

Geisteslebens" charakterisierte Rudolf Steiner diese Seelenregung, nach einem Geistesleben, in dem Herz zu Herz spricht, ein Geistesleben, in dem Herz lebt. Aus der Sehnsucht nach „Herzhaftigkeit des ganzen Geisteslebens" entstand in den jungen Menschen die Frage, wo diese Art der menschlichen Gemeinschaft denn zu finden sei; eine Frage, die heute so brennend ist wie damals.

Wie schwer ist es in der aktuellen Zeit – auch für junge Menschen –, in diesem Sinne wahre menschliche Gemeinschaft zu erleben, in einer Zeit, wo viele Gedanken nicht mehr geäußert werden „dürfen"? Wo Pädagogen, Ausbilder, Dozenten oder Lehrer sich über gewisse Aspekte des aktuellen Zeitgeschehens – wenn überhaupt – gegenüber jungen Menschen nur auf eine vorgegebene Weise äußern sollen? Dies nur als ein Beispiel dafür, wie viel Phrase, d.h. Unwahrhaftigkeit das gegenwärtige Geistesleben durchzieht. Wie sehr wird dadurch *echte* menschliche Gemeinschaft, nach der sich heute im Grunde jeder Mensch sehnt, verhindert?

Und wo die Phrase zu herrschen beginnt, da erstirbt die innerlich seelisch erlebte Wahrheit. Und mit der Phrase geht einher ein anderes: Der Mensch kann den Menschen nicht mehr finden im sozialen Leben.[7]

Rudolf Steiner

AUS DEM 1. VORTRAG

Aber das Wertvollste ist, wenn die Gedanken ein Herz haben.[8]

Am schwierigsten hat es in dieser Beziehung derjenige, der heute versucht, aus seiner gelehrten Bildung heraus sich in die Zeit hineinzufinden. Was sich dem darbietet, das sind die ganz bewußt als «herzlose» Gedanken angestrebten Gedanken.[9]

Mit Bewahrung des Herzblutes muß man Licht finden können.[10]

Rudolf Steiner

DIE UNMENSCHLICHKEIT OBJEKTIVER WISSENSCHAFT

Vom innersten Anliegen der Waldorfpädagogik

ZUM ZWEITEN VORTRAG VOM 4. OKTOBER 1922[12]

STEHEN VOR DEM NICHTS

Im zweiten Vortrag des so genannten „Jugendkurses" bemüht sich Rudolf Steiner, von verschiedenen Gesichtspunkten aus die innere seelische Verfassung der vor ihm sitzenden jungen Zuhörer, aber auch der Menschheit im Allgemeinen zu charakterisieren. Mit den geschlossenen Fensterläden, als Bild für unsere innere Verfassung, hatte er den ersten Vortrag beendet. Mit einem anderen Bild beschreibt er im zweiten Vortrag, in welchem Verhältnis sich die menschlichen Seelen zum „allgemeinen Strome des Weltgeschehens"[13] befinden. Verstehen wir diesen

15

Strom des Weltgeschehens zunächst einmal als einen einheitlichen, lebendigen Organismus, betrachten wir ihn wie einen lebendigen Menschen. Nun können wir uns vorstellen, dass von diesem Organismus die Hand abgehackt oder abgeschnürt wird. Wenn wir uns nun in diese Hand einfühlen, was mit ein bisschen Phantasie durchaus gelingen kann, wie empfindet sich diese Hand jetzt selbst? Sie fühlt sich (ab-)getrennt vom Ganzen, verdorrt, abgestorben. Rudolf Steiner spricht durch dieses Bild über Empfindungen, die tief in der Seele der Menschen liegen. Auch wenn sie dem Einzelnen nicht immer bewusst sind, so sind sie doch vorhanden. Häufig wird das Bewusstsein dafür durch schicksalsmäßige, tiefe Einschläge im Leben herbeigeführt. Viele Menschen hatten dieses Erlebnis – wie als ein gemeinsames Schicksal – während der Coronazeit. Menschen etwa, die aus einer beruflichen Tätigkeit, einem Berufsleben wie herausgerissen wurden, das ihnen viele Jahre oder Jahrzehnte Freude und Erfüllung gebracht hat. Besonders betroffen davon sind Berufe, die mit Menschen zu tun haben: Lehrer, Pfleger, Ärzte, Polizisten oder Künstler und Selbständige etc. Durch eine völlig unerwartet neue Lebenssituation trat ins Bewusstsein: Ich fühle mich wie abgeschnitten vom allgemeinen Strom des Weltgeschehens, mit dem ich mich vorher noch durch meine Tätigkeit verbunden fühlen konnte. Ich stehe vor dem Nichts.

SCHLAFEND-TRÄUMERISCHES BEWUSSTSEIN
BLEIERNE SCHWERE

Noch auf eine andere Weise charakterisiert Rudolf Steiner den Seelenzustand der Menschheit, der das Ergebnis einer Entwicklung ist, die im 15. Jahrhundert begann und mit dem Aufkommen der modernen Wissenschaft am Ende des 19. Jahrhunderts ihren vorläufigen Endpunkt erreicht hat. Er verwendet das Bild eines Menschen, der morgens aus dem Schlafe erwacht, aber nicht wirklich wach werden kann, weil er wie in einer Traumwelt gefangen bleibt, wodurch er wiederum seine Glieder als bleiern und schwer erlebt. Eine bleierne Schwere einerseits und andererseits das Verbleiben in einer Traumwelt – der Zustand der Menschheit.

UNMENSCHLICHES GEHT UNTER DEN MENSCHEN HERUM

In diesem Zusammenhang kommt Rudolf Steiner auf die Rolle der Wissenschaft zu sprechen, die er nicht kritisieren will, die aber zum Erwachen des Menschen zu seinem Tiefsten nichts beitragen kann. Die „objektive Wissenschaft" hat es sich gerade zum Ziel gesetzt, alles Menschliche aus ihr zu entfernen.[14] Selbst die Lehrer aus den Hochschulen seien gar nicht mehr für die Menschen, d.h. für die Studierenden da, sondern nur noch als Forscher für die Wissenschaft.

> *„Die Wissenschaft ging also jetzt unter den Menschen herum, aber es ging etwas Unmenschliches unter den Menschen herum und nannte sich objektive Wissenschaft."*[15]

Neben all den bewundernswerten Errungenschaften, die wir dieser Wissenschaft zu verdanken haben, darf doch gefragt werden: Wie viel Unmenschliches ging im vergangenen Jahrhundert und geht aktuell unter den Menschen herum, das sich auf diese Wissenschaft beruft, die aufgrund ihrer Objektivität jedoch nicht in Frage gestellt werden darf? Diese Wissenschaft wird uns nicht dazu verhelfen, die geschlossenen Fensterläden zu öffnen, Licht in innere Seelenfinsternisse zu bringen, die Begegnung von Mensch zu Mensch zu durchwärmen. Im Gegenteil. Wie größenwahnsinnig wir in unseren alltäglichen Träumen sein können, hat wohl jeder schon einmal selbst erlebt. Dies sei jedoch nichts im Vergleich zu dem Größenwahn, zu welchem uns das intellektualistische Denken führe, das von der objektiven Wissenschaft gefordert werde. Diese Art der Wissenschaft träume nur von der Wirklichkeit, so Rudolf Steiner. Und dieser Traum führe zu einem immer deutlicher werdenden Größenwahn des Menschen, der sich über die Schöpfung stellen wolle. Dies, so müssen wir leider feststellen, lässt sich inzwischen an vielen sehr aktuellen Phänomenen beobachten – das Streben nach absoluter, von der Technik unterstützter Kontrolle über den Menschen, ja die Kontrolle über das Lebendige insgesamt, über Krankheit, Geburt und Tod, gehören mit dazu.

DAS NICHTS UND DIE FREIHEIT

Wir alle stehen heute im Grunde vor dem Nichts; alles, was der Mensch noch an Verbindung zur geistigen Welt hatte, was ihm naturhaft oder durch seine Vorfahren gegeben werden konnte, ist dem Menschen verloren gegangen. Die Wissenschaft kann und will ihm dies nicht ersetzen. An diesen Punkt musste die Menschheit jedoch gelangen, an diesen Punkt muss jeder Mensch kommen. Denn erst dieser „Nullpunkt" der eigenen Existenz ermöglicht dem Menschen überhaupt wahre Freiheit. Dieses „Nichts" und die menschliche Freiheit gehören zusammen, ja, sie bedingen einander.

EXISTENTIELLE FRAGEN

Im Verlaufe des Vortrages formuliert Rudolf Steiner, welche existentiellen Fragen sich aus dieser Situation, die heute noch deutlicher und daher bewusster als vor 100 Jahren erleben kann, in den Seelen der Menschen ergeben:

EXISTENTIELLE FRAGEN

Wie werde ich wieder lebendig in der Seele?[15]

Wie war es mit dem Mysterium von Golgatha?[16]

Wie kommt man zum ursprünglichsten geistigen Erleben in der Menschenseele?[17]

Wie bringt der Mensch sein Tiefstes, das er in sich hat, zum Aufwachen, wie kann der Mensch sich erwecken?[18]

Wie finden wir in uns selbst das Unirdische, das Übersinnliche, das Geistige?[19]

Rudolf Steiner

INNERSTES ANLIEGEN DER WALDORFPÄDAGOGIK

In diesem Zusammenhang kommt Rudolf Steiner auch auf die Waldorfpädagogik und die zentrale Aufgabe der Waldorfschule zu sprechen. Was ist das innerste Anliegen dieser Einrichtung? Nicht die Vermittlung von Wissen im Sinne der objektiven Wissenschaft, überhaupt ist das Anliegen einer wirklich menschengemäßen Pädagogik nicht die Frage von Wissen oder Geschicklichkeit (z.B. des Lehrers im Umgang mit der Stoffvermittlung), sondern ihr innerstes Anliegen ist das Aufwecken, das Aufwecken dessen, was auf dem Grunde der einzelnen Kinderseele liegt. Auch das entspricht einem Empfinden, das heute bereits viele Menschen haben: Kinder sollen und müssen im Grunde nicht erzogen werden.

„Die Waldorfschul-Pädagogik ist überhaupt kein pädagogisches System, sondern eine Kunst, um dasjenige, was da ist im Menschen, aufzuwecken. Im Grunde genommen will die Waldorfschul-Pädagogik gar nicht erziehen, sondern aufwecken."[21]

Eltern, auch Pädagogen, nehmen inzwischen bewusster wahr, dass etwas auf dem Grunde von Kinderseelen lebt, das sie selbst auch suchen. Vielen Kinderseelen ist das, was da auf ihrem Grunde lebt, heute bewusster, als dies noch vor 100 Jahren der Fall war. Für eine Pädagogik, wie sie hier von Rudolf Steiner charakterisiert wird, ist es jedoch entscheidend, dass die Pädagogen selbst aufgewacht sind, zumindest erwacht sind für die oben formulierten Fragen, und dass sie ernsthaft nach Antworten suchen. Wie ent-täuschend es wohl für schon bewusstere Kinderseelen sein muss, wenn sie schlafende bzw. träumende Erwachsene um sich haben?

„Erst müssen die Lehrer aufgeweckt werden, dann müssen die Lehrer wieder die Kinder und jungen Menschen aufwecken."[22]

Es geht darum, auf bewusste Weise wieder den Anschluss an den „fortlaufenden Strome der Weltentwickelung" zu finden.

Es sei an dieser Stelle die Frage erlaubt, inwiefern das heutige Bildungssystem, aber auch die digitalen Medien tatsächlich genau das Gegenteil bewirken, insofern die Kinder und Jugendlichen gerade durch sie von dem abgetrennt werden, zu dem sie aufwachen könnten.

DER „AUF-WECKER"

Dass wir heute in einer Zeit leben, in der die Notwendigkeit besteht aufzuwachen bzw. in der sogar die Möglichkeit einer weitreichenden „Transformation" existiert, dringt immer stärker ins Bewusstsein vieler Menschen. Allerdings bleibt häufig recht diffus, was damit eigentlich gemeint ist. Das Aufwachen, wie es von Rudolf Steiner charakterisiert wird, ist ein sehr umfassendes Erwachen und bedeutet eine wesentlich tiefgreifendere, aber auch konkretere Transformation als das, worüber im Allgemeinen in Zusammenhang mit den aktuellen Krisen gesprochen wird. Was kann der Wecker sein, was kann uns aufwachen lassen? Dass die Wissenschaft nicht der notwendige „Auf-Wecker" sein kann, ist inzwischen vielen Menschen deutlich geworden. Wie können wir aber aufwachen zu dem, was wir als „Tiefstes in unserer Seele" haben? Am Ende des Vortrages spricht Rudolf Steiner darüber, dass es nur einen „Wecker" gebe und das sei der Geist, der „aus der Gegenwart heraus in uns arbeitet"[23]. Wie dieser Geist gefunden werden kann, darüber spricht er an den darauffolgenden Tagen.

Aus dem 2. Vortrag

Heute redet man viel über Erziehung. Man weiß oft nicht, wie absurd es ist, wenn die Menschen über Erziehung reden. Warum redet heute fast jeder über Erziehung? Meist nicht darum, weil er einsieht, daß er so schlecht erzogen ist, sondern weil er findet, daß er wegen seiner schlechten Erziehung Schwierigkeiten im Leben hat. Und so reden die Menschen über Erziehung, weil sie finden, sie seien unerzogen. Dieses gesteht man sich ein; aber man hat niemals etwas Richtiges auf diesem Gebiete erlebt. Dennoch maßt man sich ein Urteil darüber an.[23]

Rudolf Steiner

TROCKENE UND EISIGE GEGENWARTS-KULTUR

Wiederbelebungsversuche

DRITTER VORTRAG VOM 5. OKTOBER 1922[25]

IST ANTHROPOSOPHIE WISSENSCHAFTSFEINDLICH?

Ein Teil des vorangegangenen Kapitels mag bei dem einen oder anderen den Eindruck erweckt haben, als sei die Anthroposophie oder Rudolf Steiner ein „Wissenschaftsfeind"; ein Kritikpunkt, der immer mal wieder genannt wird. In seinem dritten Vortrag geht Rudolf Steiner genau auf diese Frage ausführlicher ein. Er macht deutlich, dass es an der „materialistischen Wissenschaft" gar nichts zu kritisieren gibt. Sie habe Recht mit dem, was sie durch Beobachtung und Experiment hervorbringt, dies

seien Tatsachen. Als Beispiel dafür nennt er folgendes For-
schungsergebnis: Das Denken ist ein Produkt des Gehirns. Damit
habe die Wissenschaft völlig recht, so sei es heute! Nun bezeichnet Rudolf Steiner diese *Tatsache* jedoch als das *eigentliche*
Problem. Wie können wir das verstehen?

TAG- UND NACHTMENSCH

Der Mensch lebt bekanntermaßen nicht nur am Tage, sondern
auch in der Nacht, im Schlafe. Im Schlaf befinden wir uns mit
unserem Bewusstsein nicht in der irdischen Welt, sondern – allerdings mit einem schlafenden Bewusstsein – in der geistigen
Welt. Der Aufenthalt in dieser Welt zeigt sich an den *Wirkungen*,
die er hat. Die am Tag zuvor verbrauchten Kräfte stehen uns er-
neut zur Verfügung, sodass wir uns wieder erfrischt fühlen. Das
kommt uns vor allem dann deutlich zu Bewusstsein, wenn wir
einmal nicht schlafen konnten.

Was uns im Allgemeinen jedoch nicht bewusst ist, ist die Tatsache, dass wir aus unserem Tagbewusstsein auch etwas in die
Welt, in der wir uns nachts aufhalten, hineintragen – uns selbst
nämlich. Inwiefern wir heute etwas anderes in die geistige Welt
tragen als in früheren Zeiten, verdeutlicht Rudolf Steiner anhand einer Persönlichkeit, die in der römischen Epoche gelebt
hat, anhand von Cäsar. Dieser habe nachts in der geistigen Welt
– trotz seiner irdisch kleinen Statur – eine empfindungsmäßig
stattliche Größe gehabt, denn er konnte noch etwas ganz anderes aus seinem Wachleben in die Nacht tragen als der jetzige
Mensch. So könnte es heute sein, dass ein wohlbeleibter, wohl-
habender und gesellschaftlich durchaus bedeutender Mensch
des Nachts ein ganz dürres Seelengerippe sei.

Ameisen und Mühlräder im Kopf

Diese Unterschiede zwischen physischer und geistiger Realität eines Menschen bringt Rudolf Steiner nun mit der Art und Weise in Zusammenhang, mit der wir unsere Gedanken denken. Wohl gemerkt, es geht dabei nicht um den Inhalt der Gedanken, sondern das WIE unseres Denkens. Wir können auch über spirituelle und anthroposophische Inhalte – indem wir etwa ganz schematisch „physischer Leib, Ätherleib, Astralleib" erklären – so denken, dass wir des Nachts Gerippen gleichen.

Das heute verbreitete materialistische Denken, welches tatsächlich vom Gehirn hervorgebracht wird, bemerken wir nicht, es läuft wie von selbst, wir müssen uns nicht sonderlich anstrengen. Früher war das Denken ein anderes, man hat sich angestrengt, wenn auch unbewusst, und dies hatte Folgen für die Nacht. Rudolf Steiner verwendet zwei Bilder, um das von ihm gemeinte lebendige Denken – in Unterscheidung zum „Gehirndenken" – zu beschreiben: Früher habe man ein Kribbeln beim Denken erlebt, wie wenn man einen umtriebigen Ameisenhaufen anschauen und das Krabbeln im ganzen Leib spüren würde. Das Denken war eine Realität der ganzen Seele, nicht nur des Gehirns. Diese andere Art des Denkens könne man heute noch an alten Texten, u.a. den „Veden", erleben. Wenn man sich derartigen alten Texten, aber auch anthroposophischen Texten zuwenden würde, dann hätten die Menschen heute den Eindruck, es ginge ihnen ein Mühlrad im Kopfe herum, was ihnen so unangenehm ist, dass sie es rasch wegschieben wollen.[26]

Totes und lebendiges Denken

Das Denken selbst ist abgestorben, dieses tote Denken ist nur noch ein Leichnam dessen, was es ursprünglich einmal war. Dazu ein Beispiel, das von Steiner verwendet wird: Die

Wissenschaft hat Stoffe wie Phosphor, Quecksilber, Schwefel, Kalium etc. erforscht. Bei so manchem Leser werden vielleicht unangenehme Erinnerungen an den Chemieunterricht wach. Wir verbinden mit diesen Stoffen bestimmte Begriffe, etwa das Aussehen derselben, die entsprechenden Zeichen für die Elemente, Reaktionsbereitschaft, vielleicht auch noch deren Verwendung etc. Unser Wissen darüber ist ein Produkt der objektiven Naturwissenschaft. Es ist ganz richtig. Insgesamt bleiben uns die genannten Stoffe aber doch fremd und unlebendig. Das sei früher – also vor dem 15. Jahrhundert – anders gewesen, da haben die Menschen im Wahrnehmen dieser Stoffe noch etwas gesehen, das so real war, wie uns heutigen Menschen die Farben real sind. Sie haben etwas Geistig-Ätherisches gesehen, was man die Aura der Stoffe nennen kann. Sie haben in dem vermeintlich „Toten" noch etwas Lebendiges wahrnehmen können. Es gehört zur Entwicklung der Menschheit dazu, dass uns das verlorengehen musste und wir es uns nun bewusst wieder erringen können.[27]

TRANSFORMATION GESCHIEHT IN DER NACHT

Es ist also nicht gleichgültig, was wir abends in die geistige Welt, in den Schlaf hineintragen, denn davon hängt ab, was nachts mit uns geschieht und morgens aus ihr in uns hineinstrahlen kann. Nur in der Nacht findet individuelle Verwandlung statt, nur in der Nacht können wir – in Gemeinschaft mit den Wesen der geistigen Welt – wirklich transformierend an uns arbeiten. Ob und welche Transformation stattfindet, hängt von unserem Tagesbewusstsein ab. Dabei macht es bereits einen Unterschied, wie wir uns abends auf die Nacht vorbereiten. Es ist etwas anderes, wenn wir uns mit einer Meditation, einem Gebet, einem religiösen bzw. spirituellen Text beschäftigen oder uns mit einem Glas Wein die nötige Bettschwere verschaffen.

Wenn sich in unserem Tagesbewusstsein nur Intellektuelles, das durch totes Denken hervorgebracht wird, befindet, dann könne die geistige Welt damit nichts anfangen. Intellektuelles und Geistiges vertragen sich nicht miteinander. Wenn diese Tatsache ins Bewusstsein trete, könne daraus eine generelle Abneigung gegen das Denken – „den Verstand" – entstehen, weil man zum wirklich lebendigen Denken bisher keinen Zugang finden konnte. Von großer Bedeutung ist es daher für die Entwicklung der Kinder, womit sie sich tagsüber beschäftigen, welche – im seelisch-geistigen Sinne gemeint – Nahrung sie für die Nacht erhalten. Haben sie Menschen um sich, die ihr eigenes Denken verlebendigt haben, die ihnen Märchen bildhaft erzählen oder anschaulich über das Wesen der Stoffe zu sprechen vermögen? Oder sollen bzw. können sie Medien wie Büchern, dem Internet oder auch vorbereiteten Lernmaterialen lediglich intellektuelle Gedanken und fertige Bilder entnehmen?

"EHE" ZWISCHEN HIMMEL UND ERDE

Wir leben gerade deshalb als geistige Wesen in der irdischen Welt, weil nur hier die Brücke gebaut werden kann zwischen dem Stofflichen, wie z.B. der Chemie, und dem Geistigen. Wir Menschen auf der Erde können die „Ehe" zwischen Himmel und Erde schließen, indem wir lernen, im Stoff den Geist zu erkennen. Die Welt war zunächst spirituell und wurde dann immer materieller und entsprechend materialistischer. Den Geist, der in unserem Denken erstorben ist, wieder zu beleben, ist ein Anliegen der Anthroposophie.

Den Geist, der in der Materie wie erstorben erscheint, wieder zu erleben, ist Anliegen des Goetheanismus. (Dass Goethe vor allem auch ein Naturwissenschaftler war, ist heute vielen Menschen leider nicht so bekannt.) Einer, der gerade in diesem Sinne sehr viel geforscht hat, sei hier genannt. Es ist Ernst-Michael

Kranich, den ich selbst während meiner Studienzeit noch als Dozenten am Stuttgarter Waldorflehrerseminar erleben durfte. „Chemie verstehen"[28]– so lautet der Titel eines Buches, das er herausgegeben hat und wodurch mir Begriffe, die seit meiner Ausbildung als Chemisch-technische Assistentin wie tote Fremdkörper in meiner Seele lagerten, wieder lebendig wurden und damit integriert werden konnten.

Früher wurde den Menschen das noch wie geschenkt, die Verbindung zur geistigen Welt war noch ganz real; heute müssen und können wir uns das wieder erarbeiten, wenn wir uns als Menschheit weiter entwickeln wollen. Hier beginnt unsere Freiheit. Dazu dürfen wir lernen, nicht nur *über* den Geist zu sprechen, sondern *aus* dem Geiste heraus. Dieses Thema will Rudolf Steiner in den nächsten Vorträgen weiterverfolgen.

> *Als trocken und eisig empfindet der vollfühlende Mensch die Gegenwartskultur. Sie muss wieder Leben, innere Regsamkeit bekommen. Sie muss so werden, dass sie den Menschen erfüllt mit Leben.*[28]
>
> Rudolf Steiner

VOM DURST DER SEELE

Die Suche nach Licht

VIERTER VORTRAG VOM 6. OKTOBER 1922[30]

Moral – Ideal – Wahrheit, um diese drei Begriffe geht es Rudolf Steiner in seinem vierten Vortrag. Wie aktuell kann es doch erscheinen sich mit diesen Begriffen und ihrer Beziehung zur menschlichen Seele zu beschäftigen!

Man kann sich zunächst einmal vorstellen, unter welchen Moralvorstellungen die Menschen vor 100 Jahren gelebt haben, was ein uneheliches Kind bedeutete, was eine Ehe, wie die Rolle der Frau verstanden wurde usw. Es gab fest gefügte Moralvorstellungen. Von den genannten hat sich unsere Gesellschaft inzwischen befreit, was sicherlich ein großer Fortschritt ist.

Moral und Gesellschaft

Rudolf Steiner erläutert in seinen Ausführungen, wie sich der Begriff der Ethik bzw. „Moral" entwickelt hat. Gegen Ende des 19. Jahrhunderts wurde wissenschaftlich festgestellt (was allerdings nur das „Thermometer" für das war, was auch in vielen Menschen als Überzeugung lebte), dass der Mensch aus sich selbst heraus, aus seiner Seele heraus keine Moral entwickeln kann. Da man innerlich vor dem Nichts stand, gab es dort keinen Anhaltspunkt für die Entwicklung einer Ethik. Der einzelne Mensch würde sich also daran orientieren, welche allgemeinen Regeln in seiner Kultur, in seiner Gesellschaft existieren und sein eigenes Verhalten sowie die Beurteilung des moralischen Verhaltens eines anderen Menschen von diesen allgemein gültigen Regeln abhängig machen (müssen).

Wir können uns fragen, ob diese Überzeugung heute tatsächlich schon überwunden ist oder ob wir nicht aktuell in gewissem Sinne diesbezüglich eine „Renaissance" erleben. Was ist – scheinbar allgemein anerkannt – „erlaubt", was ist „verboten" zu denken, zu sagen, zu tun. Wie werden diejenigen moralisch be- und verurteilt, die sich an entsprechende Vorgaben nicht halten?

Ethik und Menschenwürde

Rudolf Steiner widerspricht dieser Auffassung des Moralbegriffs entschieden, er weist dabei u.a. auf sein Buch „Die Philosophie der Freiheit" (Berlin 1893) hin, das er geschrieben habe, weil er zeigen wollte, dass die moralischen Impulse in der jetzigen Zeit nur aus der menschlichen Seele selber kommen können, ja müssen. Die Zukunft der menschlichen Ethik hänge davon ab, dass gerade die „moralischen Intuitionen" immer stärker werden. Der Begriff der „Intuition", wie ihn Rudolf Steiner gewöhnlich verwendet, hat Anklänge an unser alltägliches Verständnis, geht aber noch darüber hinaus. Es ist damit die Fähigkeit gemeint, mit einem geistigen Wesen eins werden zu können, wie in diesem Wesen leben zu können.

Was bedeutet das nun, wenn ich einem anderen Menschen begegne? Es bedeutet, dass es unmöglich ist, an einen Menschen allgemein gültige moralische Maßstäbe anzulegen, da der Mensch ein geistiges Wesen ist und Geist sich immer individualisiert. Daher ist es so wichtig, dass wir uns darin üben, mit offenem Herzen einem anderen Menschen zu begegnen, bei jedem Menschen ein neues „Menschengefühl" zu entwickeln. Mit jeder Definition, mit jeder allgemeinen „So-soll-er-sein"-Regel setzen wir uns eine Brille auf, die verhindert, dass wir den individuellen Menschen überhaupt sehen können. Allgemein gültige, abstrakte Vorstellungen davon, was moralisch und was unmoralisch ist, können also nur am individuell-Menschlichen vorbei und letztlich zur Unmenschlichkeit führen! Sie werden dem geistigen Wesen des Menschen und damit der Würde des Menschen nicht gerecht. Gerade das können wir in der Gegenwart sehr deutlich erleben.

MORAL UND PÄDAGOGIK

In diesem Zusammenhang kommt Rudolf Steiner auf eine zentrale Aufgabe der Pädagogik zu sprechen. Es gehe darum, dass in Zukunft die Kraft der moralischen Intuition immer größer und größer werde. Das bedeutet für die Pädagogen, für Eltern und Lehrer, dass auch ein Kind nur aus sich selbst heraus verstanden werden kann. Immer wieder gibt Rudolf Steiner in seinen pädagogischen Vorträgen Hinweise darauf, was wir tun können, welche Gedanken hilfreich sind, damit wir mit den Kindern wirklich „eins" werden können und dadurch selbst intuitionsfähig. Wir handeln, wir unterrichten dann aus den Kindern heraus. Auf diese Weise – so Rudolf Steiner in seinem Vortrag vor 100 Jahren – würden wir den kindlichen Seelen helfen, dass sie sich ihrer moralischen Intuitionen bewusst werden, die in ihnen wie in jeder menschlichen Seele leben. Den Kindern wird nicht von außen „Moralität" eingepflanzt, sondern sie erhalten Nahrung, damit ihnen ihre individuellen seelischen Impulse zu Bewusstsein kommen können. Es geht also bei der Frage einer individualisierten Moral nicht um Beliebigkeit, sondern um die Frage, was denn auf dem Grunde jeder einzelnen menschlichen Seele liegt; es geht um einen individuellen Bewusstseinsprozess.

SEHNSUCHT NACH DEM ANDEREN MENSCHEN

Rudolf Steiner bettet die Frage nach den moralischen Intuitionen in den noch umfassenderen Begriff der „Ideale" ein. Die Menschheit wäre Ende des 19. Jahrhunderts diesbezüglich an einen Nullpunkt gekommen. Er verwendet an dieser Stelle wieder ein hilfreiches Bild. Früher hatten die Menschen noch genügend Brennstoff, durch den sie ihren Geist anzünden konnten. Mit diesem entzündeten Geist konnten sie dann sowohl die Natur als auch das eigene Menschenleben durchleuchten. Dieses Licht fehlt nun, das Feuer muss heute vom einzelnen Menschen selbst entzündet werden. Die kalten Gedanken des Intellektualismus, wie sie in der Wissenschaft entwickelt werden, die rein auf Beobachtung und Experiment gründet, können dieses Feuer in der Seele des Menschen nicht entzünden. Zum wiederholten Male weist Rudolf Steiner darauf hin, dass dies auch so sein muss, damit sich die Menschheit Freiheit erringen kann. Durch den erlebten Mangel könne ein Durst in der Seele entstehen, der sich in der Sehnsucht aussprechen kann, den anderen Menschen wirklich zu finden.

Ich dürste nach etwas, und alles, was mir aus intellektualistischen Untergründen aus der Welt entgegentritt, gibt mir nicht Wasser für diesen Durst.[30]

Rudolf Steiner

EHRLICHKEIT UND WAHRHEIT

An dieser Stelle kommt Rudolf Steiner schließlich auf den Begriff der Wahrheit zu sprechen. Es sei notwendig, sich bestimmte Dinge ganz ehrlich einzugestehen, wenn der Mensch in seiner Entwicklung fortschreiten möchte. Er sagt nun der vor ihm sitzenden Jugend sehr direkt, dass es gut sei, wenn sie sich selbst eingestehen würden, dass ihre idealistischen Worte und Forderungen nach Veränderung eigentlich auch nur aus einem „sich überschlagenden Intellektualismus"[32] bestehen würden, wie Blasen, die fortwährend zerplatzen. Auch ihr Denken ist geprägt vom wissenschaftlichen Denken ihrer Zeit, so wie unser aller Denken bis heute von dieser materialistischen Art, die Welt zu betrachten, geprägt ist.

Zum Ende des Vortrages appelliert Steiner – ähnlich wie im zweiten Vortrag – noch einmal:

Die Seele ist am ähnlichsten dem Geiste, daher kann sie ihn finden, wenn sie will. (...) Wir müssen zu der Geistigkeit des Handelns, wir müssen zu dem unmittelbaren Erlebnis der Menschen untereinander und zum ehrlichen Erlebnis der Wahrheit kommen.[32]

Rudolf Steiner

33

KINDER SIND BOTEN DES LEBENDIGEN DENKENS!

Was bedeutet das für den naturwissenschaftlichen Unterricht und die Zukunft von Mensch und Natur?

FÜNFTER VORTRAG VOM 7. OKTOBER 1922[34]

Im fünften Vortrag des Jugendkurses kommt Rudolf Steiner noch einmal auf Themen und Aspekte zurück, die er in den vorausgegangenen Vorträgen bereits angeschlagen hat, so etwa auf die Begriffe des toten und lebendigen Denkens.

WALDORFLEHRER IM PUBLIKUM

Hilfreich zu wissen ist, dass während der Vortragsreihe des später so genannten „Pädagogischen Jugendkurses" nicht nur junge interessierte Menschen anwesend waren, sondern auch das Kollegium der drei Jahre zuvor gegründeten ersten Waldorfschule. Einige hatten an Rudolf Steiners zweiwöchigem „Intensivkurs" für Waldorflehrer teilgenommen, der drei Jahre zuvor im August/September 1919 stattgefunden hatte und die zukünftigen Lehrer auf ihre Aufgaben vorbereiten sollte.[35] Unausgesprochen nimmt er in seinem Vortrag vom 7. Oktober 1922 Bezug auf wichtige Gesichtspunkte seiner damaligen Vorträge, um sie noch einmal auf andere Art und Weise zu formulieren bzw. zu vertiefen.

LEBENDIGES DENKEN UND
DER LEICHNAM DES MENSCHEN

Einer dieser Gesichtspunkte ist die Frage nach dem lebendigen und dem toten Denken. Rudolf Steiner verwendet wiederum ein Bild, um zu erläutern, was er mit diesen Begriffen meint. Er beginnt mit der Form des menschlichen Leibes. Die Form eines menschlichen Leibes ist für eine gewisse Zeit noch nach dem Tod des betreffenden Menschen an seinem Leichnam zu erkennen. Diese Form kann jedoch nicht unabhängig von dem lebendigen Menschen gedacht werden, der diesen Leichnam zuvor gebildet hat. Wir können uns innerlich ein Bild davon machen, wie sich die Form des Körpers durch das ganze Leben hindurch verändert, wenn wir uns das Kind anschauen oder wenn wir beim selben Menschen seine Leibesform im mittleren oder hohen Alter betrachten. Die Form des Leichnams ist also einzig und allein darauf zurückzuführen, dass der lebendige Mensch in ihm tätig war. Ohne das Leben hätte sich die tote Form nicht bilden können, der Leichnam stammt vom lebendigen Menschen ab.

TOTES DENKEN UND VORGEBURTLICHES LEBEN

Das tote wissenschaftliche Denken ist in diesem Sinne ebenso auf etwas Vorangegangenes zurückzuführen. Mit „Denken" meint Rudolf Steiner nicht die Gedanken selbst, sondern die Tätigkeit, die unseren Gedanken die Form gibt, so wie der lebendige Mensch dem Leichnam die Form gegeben hat. Wie der Leichnam von etwas Lebendigem abstammt, muss auch unser heutiges totes Denken von etwas abstammen, das zuvor lebendig war.

> „Das tote Denken muss abstammen von einem Lebendigen, das vor unserer Geburt vorhanden war."[36]

Im zweiten Vortrag der „Allgemeinen Menschenkunde"[37], die zum erwähnten Lehrerkurs gehört, hatte Rudolf Steiner bereits drei Jahre zuvor über diesen wichtigen Aspekt gesprochen. Nun verwendet Rudolf Steiner im „Jugendkurs" noch ein zweites, sehr drastisches Bild: „Der physische Organismus ist das Grab des lebendigen Denkens, der Behälter des toten Denkens." So wie der Körper des erstorbenen Menschen in einen Sarg gelegt wird, so wird unser zuvor lebendiges Denken als totes Denken in unseren physischen Leib versenkt, dieser wird zum Behälter des toten Denkens.

Dadurch, dass wir vor unserer Geburt im lebendigen Denken gelebt haben und unser irdisches Denken davon ein Abbild ist (so wie unser Spiegelbild nicht wir selbst, sondern ein Abbild von uns ist), nur dadurch haben wir überhaupt die Möglichkeit, auf dieser Erde, in unserem physischen Leib zu denken. Jüngere

Kinder leben noch im Nachklang ihrer vorgeburtlichen Erlebnisse, ihres vorgeburtlichen Aufenthaltes in der geistigen Welt; dadurch ist ihr Denken für eine gewisse Zeit noch wesentlich lebendiger als das der Erwachsenen. Im Jugendkurs spricht Rudolf Steiner davon, dass dieses noch nicht ganz tote Denken bis zur Geschlechtsreife erhalten bleibt!

BILDHAFTES DENKEN DER KINDER

Wie können wir das konkret wahrnehmen? Wer kleinen Kindern bildhafte Geschichten erzählt, wird unmittelbar bemerken können, dass sie „wie gebannt" zuhören, dass es mucksmäuschenstill in der Gruppe oder Klasse wird und sie mit ganzer Seele in diesen Bildern leben. Wer Jugendlichen z.b. menschliche Historie durch bildhafte Schilderungen aus dem Leben großer Persönlichkeiten nahezubringen versucht, kann erleben, dass auch sie noch von diesen Erzählungen ergriffen werden. Aber man kann ebenfalls bemerken, dass es ihnen bereits wesentlich schwererfällt in Bilder einzutauchen, dass sie mehr Zeit benötigen, um in die Erzählung hineinzufinden, dass die Fähigkeit zur Schaffung von inneren Bildern abebbt zugunsten der Fähigkeit abstraktere Zusammenhänge oder Gedankengänge begreifen zu können.

PFAHL INS HERZ DER JUGEND

Es soll an dieser Stelle noch einmal betont werden, dass dies ein wichtiger, natürlicher Entwicklungsprozess für die Menschheit war und in gewissem Sinne für die Entwicklung des einzelnen Menschen ist, der einem erst die Fähigkeit zur Freiheit im weiteren Verlauf des Lebens ermöglicht. Es geht nicht darum diesen Prozess zu verhindern, sondern – und das gilt zunächst eben insbesondere für die Lehrer – totes Denken durch eigene innere Aktivität wieder zum Leben zu erwecken. Wenn dies nicht geschieht, dann hat das Konsequenzen für die seelische

Entwicklung der Kinder und Jugendlichen, die Rudolf Steiner im Jugendkurs wiederum mit einem drastischen Bild verdeutlicht:

> *„(...) wenn die steif gewordene objektive Wissen-*
> *schaft, die das Tote umfaßt, zur Erzieherin wird und*
> *an das Lebendige, an das Jugendliche herankommt,*
> *(wird) diese Jugend das wie ein Hereinstoßen eines*
> *Pfahles ins Fleisch fühlen. Man stieß ihr einen Pfahl*
> *ins Herz, den Tod, und sie soll sich aus ihrem Herzen*
> *das Lebendige herausreißen."[38]*

VERZWEIFLUNG DER JUGEND

Heute können wir sehen, was es für junge Menschen heißt, wenn sie diesen Pfahl im Herzen empfinden, wenn sie sich das Lebendige aus ihrem Herzen herausgerissen haben, weil sie es sollten. Im schlimmsten Falle verzweifeln sie am Leben, verzweifeln sie an der Art und Weise, wie der Mensch heute mit der lebendigen Schöpfung und dem Mitmenschen umgeht, und sehen keinen anderen Ausweg mehr, als ihr eigenes Leben zu beenden, weil sie sich von der anderen Seite das erhoffen, was sie hier nicht wieder-finden können. Auch Erscheinungen wie etwa die zerstörerischen Aktivitäten der „Letzten Generation", welche durch ihren Namen den bevorstehenden Tod der Menschheit impliziert und diesen durch ihre Aktionen verhindern möchte, könnte man einmal unter diesem Aspekt betrachten und sich fragen, inwiefern sie ein – sogar willkommenes – „Produkt" unserer heutigen Bildung sind.

„UNTERRICHT" IN DER NATUR

Welche Konsequenzen das von Rudolf Steiner Gemeinte für die Pädagogik hat, erläutert er an einem Beispiel, über das er am Ende des dritten Vortrages „Methodisch-Didaktisches"[39], ebenfalls zum Lehrerkurs von 1919 gehörig, ausführt. Es geht dabei um den naturkundlichen, den „Biologie"-Unterricht. Rudolf Steiner spricht darüber, wie wichtig es ist, die Kinder für diesen Unterricht auch in die Natur hinauszuführen, Pflanzen und Tiere nicht nur im Klassenzimmer zu behandeln. Dabei ist eines jedoch sehr, sehr entscheidend: In der Natur, da solle man die Kinder die Natur erleben lassen, da solle man sie aufmerksam machen auf die Schönheit der Natur, da solle man z.b. Freude in ihnen hervorrufen, wenn sie einen Käfer beobachten,

> „(...) Freude an seinem Laufen, an seiner Possierlichkeit, an seinem Verhältnis zur übrigen Natur (...)".[40]

Bemerkt sei in diesem Zusammenhang, dass es eben ab dem Schulalter nicht mehr ausreicht, dass sich Kinder in der Natur lediglich bewegen, arbeiten oder aufhalten, sondern dass es notwendig wird, Gefühle für die Natur in ihnen zu *erwecken*, in gewisser Weise zu Bewusstsein zu bringen, damit die beim sehr kleinen Kind naturgegebene innere Verbindung mit der Umgebung jetzt nicht abreißt.[41]

UNTERRICHT IN INNENRÄUMEN

Scharf getrennt von diesem mit Gefühlen verbundenen Erleben der Natur solle dann im Klassenzimmer der eigentliche naturkundliche Unterricht stattfinden. Dieser naturkundliche Unterricht sollte gerade nicht in der Natur stattfinden! Im Klassenzimmer führen wir den Kindern z.B. Pflanzen vor und besprechen diese, die tote Natur sollte also nur im Klassenzimmer zergliedert werden. Dies solle man auf eine Art und Weise tun, die in den Kindern wiederum „eine Art Gefühl"[42] hervorruft, eine Art Bedauern darüber, dass wir die Natur zergliedern, dass wir z.B. eine einzelne Pflanze aus ihrem Zusammenhang mit der Erde, den sie umgebenden Pflanzen und Tieren, sowie den kosmischen Einflüssen herausreißen; dass die Kinder dieses

Zergliedern, ja Zerstören jedoch auch als eine Notwendigkeit empfinden lernen, weil eben wir Menschen, z.B. durch unsere Ernährung, Natürliches zerstören müssen, um unseren eigenen Leib aufzubauen und zu erhalten.

GEFÜHLE FÜR DIE NATUR UND ZERGLIEDERNDES ERKENNEN

Es ist deutlich zu erkennen, dass Rudolf Steiner den Kindern das zergliedernde, in gewissem Sinne zerstörerische naturwissenschaftliche Denken nicht vorenthalten möchte. Dass es ihm aber darum geht, beides nicht zu vermischen bzw. das eine vom anderen nicht erdrücken zu lassen. Vor allem den jüngeren Kindern, die noch viel stärker in einem lebendigen Denken beheimatet sind, soll hauptsächlich das *gefühlsmäßige* Erleben der Natur ermöglicht werden. *In der Natur* sollen sie daher all die Gefühle, die mit der lebendigen Natur zusammenhängen, erleben dürfen. Liebe zur Schönheit der Natur, Freude an der Natur soll den Kindern durch die Lehrer ins Bewusstsein gehoben werden. Das ergänzende Erkennen der „zergliederten" Natur durch den „objektiven" naturwissenschaftlichen Unterricht hat dann im Klassenzimmer ab einem bestimmten Alter seinen eigenen Platz.

FÜR EINE PÄDAGOGIK DER ZUKUNFT

Liebe, Menschen- und Gottvertrauen

SECHSTER VORTRAG VOM 8. OKTOBER 1922[43]

Wie in allen vorherigen Vorträgen geht Rudolf Steiner im sechsten Vortrag wiederum auf die Entwicklung der Menschheit ein. So wie der Entwicklung des Kindes vom Säugling zum erwachsenen Menschen kosmische Gesetzmäßigkeiten zugrunde liegen, die wir nicht verändern oder diskutieren können, gibt es auch Gesetzmäßigkeiten, die die Entwicklung der gesamten Menschheit betreffen. Wir leben jetzt in einem Zeitalter, wo jeder Mensch selbst die inneren Impulse finden muss, aus denen heraus er lebt und handelt. Keine religiösen Gesetze, keine Stammes- oder Familienregeln, keine konventionellen, von außen vorgegebenen Vorschriften können mehr ihre Wirksamkeit für die weitere Entwicklung der Menschheit entfalten.

Diesbezüglich sind wir an einem Nullpunkt angekommen, an dem nun zunächst ein unbestimmtes Neues gesucht wird, an dem eine Sehnsucht entsteht, wie Rudolf Steiner vor 100 Jahren den jungen Menschen erläutert. Diese Sehnsucht der Jugend gibt es auch heute noch – allerdings nicht nur bei der Jugend. Wie kann es weitergehen?

DEN GEIST AUS DER MATERIE ERLÖSEN

Wo kann der Einzelne Anhaltspunkte für sein individuelles Handeln finden? Nicht mehr im Außen, sondern nur in und durch sich selbst. Aber wie kann er sie finden? In diesem Zusammenhang hat das lebendige Denken, wie es im vorangegangenen Kapitel bereits angedeutet wurde, eine große Bedeutung. In einem Vortrag am 29. April 1919[44] hat Rudolf Steiner davon gesprochen, dass ein Teil unseres seelisch-geistigen Wesens in unseren Körper, ein Teil in unsere Fähigkeiten und ein Teil in unser Schicksal eingetaucht ist. Durch den Körper hat sich dieser Wesensanteil mit der Materie verbunden und möchte nun daraus wieder erlöst werden. „Erlöst" bedeutet jedoch nicht, dass dieses Wesen den Körper nun flieht oder meidet, seine Fähigkeiten vernachlässigt und zum Opfer seines Schicksals wird. Erlösen meint Befreien durch Verwandeln. Denn wenn wir den Geist nicht aus der Materie befreien, dann zerfällt dieser Teil unserer Seele mit der Materie, dann erstirbt dieser Teil unserer Seele in ihr.

MORALISCHE PHANTASIE

Gunter Gebhart hat in seinem Beitrag „Lebendiges Denken – Leibfreies Denken"[45] – gerade auch für Pädagogen – sehr anschaulich beschrieben, wann unser Denken ganz in der Materie verhaftet bleibt (Hirn-Denken) und wann es aus der Materie gelöst wird (leibfreies Denken). Es geht dabei nicht um Inhalte, die wir denken, sondern um die Art und Weise, *wie* wir denken. Aber wie kann es gelingen das tote, hirngebundene Denken wieder zu beleben?

Ein gutes Training ist es, sich mit Texten Rudolf Steiners zu beschäftigen. Die Klage, dass sie zu schwer seien und man sie nicht verstehen könne, ist von einem gewissen Gesichtspunkt aus verständlich. Denn wenn wir mit unserem hirngebundenen Denken, das wir durch die wissenschaftliche Denkart, mit der wir alle aufgewachsen und vertraut sind, an diese Texte herangehen, werden wir sie *erstmal* nicht verstehen. Wer diese Erfahrung gemacht hat, aber sich davon nicht hat abschrecken lassen, weil er trotz des (teilweisen) Unverständnisses etwas *erlebt* hat, wer sich immer weiter um ein Verständnis bemüht, der wird bemerken können, dass die Fensterläden langsam aufgehen. Der wird auch bemerken können, dass sich die ganze Art und Weise, *wie* man denkt, wenn man sich mit Rudolf Steiners Schriften beschäftigt, verändert.

Diese andere Art zu denken kann sich wie ein Muskel durch entsprechendes „Training" weiter kräftigen und dann zu einem geistigen, d.h. übersinnlichen Wahrnehmungsorgan entwickeln, durch das wir individuelle Impulse für unser Handeln erhalten, d.h. wahrnehmen können. Diese individuellen ethischen Impulse nennt Rudolf Steiner auch die „moralische *Phantasie*", weil sie nun nicht von außen kommen, sondern aus unserem Innenleben entstammen.

Das Feuer der Liebe zur Tat entzünden

Doch wie sieht es mit der Umsetzung dieser Impulse aus, wo und wie finden wir die Kraft sie in Taten umzusetzen? Es muss noch etwas Weiteres dazukommen und dieses Weitere nennt Rudolf Steiner die „reine große Liebe", die den Menschen von innen heraus beflügeln muss, damit er die Kraft gewinnt, seine Intuitionen, seine individuellen Impulse zur Tat werden zu lassen. Und wenn das „Feuer der Liebe" sich nicht aus den Tiefen der Seele mit den Taten verbinden kann, wird der Mensch sich schwach und willenlos fühlen. In früheren Zeiten konnte sich der Mensch noch mit Taten verbinden, die ihm von außen „aufgetragen" wurden, diese Zeiten sind jedoch jetzt vorbei. Das können wir heute gut beobachten: Wo sich ein Mensch nicht aus Liebe mit dem verbindet, was er tut, sondern aus Pflichtgefühl, aus dem Streben nach Anerkennung, wegen des Geldes, des Ansehens oder aus Angst heraus tätig wird, wird er einerseits manipulierbar, d.h. willenlos, und andererseits kraftlos und brennt aus.

„In Zukunft wird die reine, große Liebe von innen heraus den Menschen beflügeln müssen zu dem, was Ausführung seiner sittlichen Intuitionen wird sein müssen; und diejenigen Menschen werden sich schwach und willenlos fühlen gegenüber den sittlichen Intuitionen, die nicht aus den Tiefen ihrer Seele heraus das Feuer der Liebe für das Sittliche entzünden, wenn ihnen durch ihre moralische Intuition die Tat, die geschehen soll, vor Augen steht."[46]

Menschenvertrauen als Kraft

Nun kann die nächste Frage entstehen: Wenn jeder Mensch aus *seinen* moralischen Intuitionen heraus handelt, wie kann es denn dann noch ein soziales Miteinander geben? Welche Kraft kann dann noch für einen Zusammenhalt der Gesellschaft sorgen, um den sich aktuell so viel gesorgt wird? „Eine solche Kraft ist das Vertrauen, das Vertrauen von Mensch zu Mensch"[47], so Rudolf Steiner. Das scheint nun „harter Tobak" zu sein. Wie sehr ist dieses Vertrauen von Mensch zu Mensch in den letzten Jahren tief erschüttert worden? Ja, sagt Rudolf Steiner, ja, das wird so sein:

> *„Das wird in der Zukunft das Bitterste im Leben werden, wenn man von Menschen enttäuscht wird."*[48]

Glück und Schmerz liegen gerade in dieser Beziehung eng beieinander. Glück des Vertrauens einerseits und Schmerz über notwendiges bzw. berechtigtes Misstrauen andererseits. Diese Erfahrungen wird wohl jeder schon in seinem Leben gemacht haben. Gerade Rudolf Steiner hat sehr oft in dieser Hinsicht bittere Erfahrungen gemacht − ohne jemandem daraus schwere Vorwürfe zu machen.

DAS KIND ALS RÄTSEL

Vertrauen in den Menschen wird für die Zukunft der Menschheit trotz aller Enttäuschungen und Schmerzen unerlässlich sein und eine Pädagogik der Zukunft kann nur auf Vertrauen aufgebaut werden, auf Vertrauen in den sich entwickelnden Menschen. Dieses Vertrauen kann seinen Boden, seinen Grund darin finden, dass in den Kindern ganz besonders offenbar wird, dass sich ein geistiges Schöpferwesen mit einem physischen Leib verbunden hat. Dass wir nicht allein einen physischen Menschen vor uns haben, sondern ein Rätsel vor uns steht, das wir zu lösen haben, wie Rudolf Steiner oft so schön sagt. Jedes Kind gibt uns Pädagogen von Neuem ein Rätsel auf und jedes einzelne Kind gibt uns immer wieder neue Rätsel auf, auf die wir nicht *eine*

Antwort finden werden, sondern die uns immer weiter beschäftigen können. Was bedeutet das für die Pädagogik?

UNTERRICHT WIRD ZUM WEIHEDIENST

„(...) dem Kinde, das uns die göttlich-geistigen Kräfte heruntergeschickt haben, dem wir als diejenigen gegenüberstehen, die die Rätsellöser sein sollen, stehen wir gegenüber mit Gottvertrauen. Ja, dem Kinde gegenüber verwandelt sich das Menschenvertrauen sogar in Gottvertrauen."[49]

Gottvertrauen gegenüber dem Kind, in dem sich von Tag zu Tag zeigt, wie sich „Seelisch-Geistiges in der Durchdringung des Physischen offenbart"[50], Gottvertrauen, das sich aus einer tiefen Menschenerkenntnis[51] entwickelt und untrennbar verbunden ist mit dem Bewusstsein davon, dass das Kind ein vorgeburtliches Leben hatte. In diesem Bewusstsein mit den Kindern zusammen zu sein, mit diesem Bewusstsein Kinder zu unterrichten, führt zu Empfindungen, die das Miteinander mit den Kindern grundlegend verändern können. Im Lehrerkurs 1919, vor Beginn der ersten Waldorfschule, hat Rudolf Steiner dies so ausgedrückt:

Indem wir so an die großen Tatsachen in der Welt anknüpfen, bekommen wir erst auch das richtige Verständnis für den Unterricht. Das kann ihm erst die richtige Weihe geben, so daß wirklich der Unterricht eine Art Gottesdienst werden könnte, indem er ein solcher Weihedienst wird.[51]

Rudolf Steiner

WIE KOMMT DAS NEUE IN DIE WELT?

Vom Vertrauen in Rudolf Steiner

SIEBTER VORTRAG VOM 9. OKTOBER 1922[53]

WIE KOMMT DAS NEUE IN DIE WELT?

Vor hundert Jahren sprach Rudolf Steiner zu Studenten über eine Frage, die sich manche bewusst stellten, andere eher latent und unausgesprochen in ihrer Seele bewegten.

Wie aktuell diese Frage in der jetzigen Zeit ist, in der sich manches, von dem wir glaubten, es sei längst überwunden, nun zu wiederholen scheint oder bis in die Grundfeste hinein in Frage gestellt wird! In allen Bereichen des sozialen Organismus können wir wahrnehmen, dass es so nicht weitergehen kann: Im Geistesleben (Schulen, Universitäten, Medizin, Wissenschaft...), im Rechtsleben (staatliche Maßnahmen und Gesetze, Rechtsprechung), im Wirtschaftsleben.

ZWEI IRRWEGE

Wie kann unter diesen Verhältnissen das Neue in die Welt kommen? Rudolf Steiner nennt zwei Wege, auf denen es *nicht* in die Welt kommen kann. Der eine ist der, dass man sich durch die Hinwendung zu entsprechender spiritueller Literatur (damals benannte er die theosophische Literatur, heute finden wir eine große Vielfalt an spiritueller Literatur) „einlullen" lässt. Sein Urteil war deutlich:

> *„Denn was in theosophischen Büchern steht, ist zum großen Teil seelisches Schlafmittel."*[54]

Der andere ist der, dass man alles aus sich selbst heraus entwickeln will, dass man nichts mehr von außen in sich aufnehmen möchte, auch aus Enttäuschung über das, was man bisher von Eltern, Lehrern, Wissenschaftlern usw. gehört hat, sondern lieber abwarten will, bis das Neue an einen selbst herankommt. Rudolf Steiner fragt dann etwas provozierend, aber mit Humor:

> *„Meine lieben Freunde, fragen Sie viele von denen, die so gesprochen haben, ob das Neue an sie herangekommen ist, ob wirklich die Tauben der großen Menschheitserlösung denen, die diese tiefe Sehnsucht entwickelt haben, gebraten in den Mund geflogen sind."*[55]

Die „große Menschheitserlösung" ist bis heute nicht eingetreten. Im Gegenteil: Es zeigt sich für den, der es sehen möchte, deutlich, dass die uns auf wissenschaftlichen Grundlagen vermittelten Gedanken über Mensch und Welt genau in die Situation geführt haben, in der wir uns nun befinden. Durch bloßes

Abwarten, durch Warten auf das Neue, auf die Transformation, auf die große Veränderung wird sich auch in Zukunft nichts in Richtung auf „das Neue" bewegen.

WISSENSCHAFT ALS GEISTIG-SEELISCHE NAHRUNG

Die vor hundert Jahren in der damaligen Jugend entstandene Sehnsucht nach dem Neuen besteht auch heute noch und nicht nur in der Jugend. Ja, sie ist heute vielleicht noch dringlicher, zumindest bei vielen Menschen wesentlich bewusster als damals. Doch es ist die Frage geblieben: Wie kommt das Neue in die Welt?

> *„Diese wirkliche Sehnsucht nach einem Neuen kann nicht anders erfüllt werden als dadurch, dass man sich als Mensch mit etwas durchdringt, was nicht von dieser Erde ist."*[56]

Was ist damit gemeint, mit was soll sich der Mensch durchdringen, das nicht von dieser Erde ist? So wie sich die Lunge mit Luft durchdringen muss, wenn sie lebendig bleiben will, benötigt der Mensch geistig-seelische Nahrung. Die Lunge kann die Luft so wenig ihrem eigenen Organ entnehmen, wie die irdische menschliche Seele die geistig-seelische Nahrung aus sich selbst bzw. ihrem Körper entnehmen kann. Rudolf Steiner spricht davon, dass es aus diesem Grunde eine neue Wissenschaft braucht, die unserer Seele Nahrung geben kann, eine Wissenschaft, die unsere Seelen erwärmt und uns nicht kalt lässt wie die Wissenschaft, die sich eine neutrale Objektivität als oberstes Ziel gesetzt hat. Eine *Wissenschaft* vom Geiste[57] eben deshalb, weil es heute darum geht, dass wir voll wach zu geistigen Welten vordringen, dass unser Seelenleben ganz bewusst dabei ist – und nicht eingeschläfert wird. Nicht über nebulöse

Mystik/Esoterik soll gesprochen werden, sondern über Realitäten, die jeder im Leben wahrnehmen kann.

DER VERBORGENE MENSCH

Rudolf Steiner nimmt als Beispiel Lehrer oder Dozenten, die das, was sie ihren Schülern oder Studenten vermitteln wollen, aus einem Buch vor- oder heute von PowerPoint-Projektionen ablesen. Es mag äußerlich so erscheinen, als ob die jungen Menschen das als ganz natürlich oder normal erleben oder es gar so präsentiert bekommen *wollen*. Wer denkt, dass dem tatsächlich so sei, würde bereits geistige Welten abstreiten.

Man kann aber auch von folgendem Gedanken ausgehen, der die geistige Welt mit einbezieht: In jedem, der als Schüler oder Student vor einem sitzt, lebt noch ein verborgener Mensch. Dieser verborgene Mensch ist – insbesondere als Kind – viel weiser als der, den wir mit den Sinnen wahrnehmen, er ist eine übersinnliche Realität. Dieser verborgene Mensch empfindet: Warum soll ich das denn lernen, was der, von dem ich lernen soll, selbst nicht weiß und vor- oder ablesen muss? Der ist doch viel älter als ich und weiß es selbst nicht! Der verborgene Mensch in den Kindern, Jugendlichen und jungen Erwachsenen erlebt eben sehr deutlich, ob der Lehrer sich mit dem verbunden hat, was er erzählt oder nicht und das hat eine Wirkung. Davon kann sich jeder, der unterrichtet, selbst überzeugen. Es ist etwas völlig anderes, ob den Kindern im so genannten Erzählteil vorgelesen wird oder ob sich der Lehrer und die Lehrerin selbst das angeeignet haben, was sie den Kindern dann frei erzählen. Und auch junge Erwachsene sind immer wieder dankbar, wenn frei zu ihnen gesprochen wird, ohne Projektionen auf Wand, Monitor oder Whiteboards, die heute zunehmend die Tafel ersetzen. So konkret meint Rudolf Steiner den Umgang mit dem, was übersinnlich ist.

Vertrauen und Erkenntnis

In diesem Zusammenhang kommt Rudolf Steiner dann auf die Besonderheit bei der Vermittlung der erwähnten geistig-seelischen Nahrung zu sprechen. Er verweist auf seinen Vortrag am Tag zuvor, in dem es um das „Vehikel" des sozialen Lebens ging, nämlich um das notwendige Vertrauen von Mensch zu Mensch. Wenn dieses Vertrauen da ist, dann wird es auf geistig-seelischem Gebiet zum Vehikel, zum Quell für eigenes geistig-seelisches Erleben. Rudolf Steiner spricht es nicht direkt aus, aber es ging ihm in der damaligen Situation offensichtlich auch darum, über das Vertrauen in ihn selbst zu sprechen, dessen Aufgabe es war, geistig-seelische Nahrung zu vermitteln. Er wollte aufzeigen, wie Menschen, die Vertrauen in ihn haben, durch das, was er mitzuteilen hatte, selbst zu geistig-seelischen Erlebnissen gelangen. Er formuliert es allgemeiner, jedoch sehr dezidiert: Bezeichnete Mitteilungen durch einen Menschen, in den man Vertrauen haben kann, könnten einen innerlich entzünden und auf diesem Wege zu einem *Erkenntnis*mittel werden, das nichts mit „Glauben" zu tun hat: Anthroposophie – ein Erkenntnismittel und kein Glaubensbekenntnis!

Vertrauen zu Rudolf Steiner

Wie kann man denn Vertrauen in Rudolf Steiner entwickeln, auch heute noch, wo wir ihn ja nicht mehr als lebendigen Menschen unmittelbar erleben, sondern nur noch seine Schriften und Vorträge lesen können? Ein Weg ist es, seine Aussagen zunächst einmal als „Arbeitshypothesen" zu nehmen, sie nicht zu glauben, sondern im eigenen Leben zu überprüfen.

So war für mich der Karma-Gedanke vor 35 Jahren etwas sehr Absonderliches, ein Gedanke, den eigentlich nur etwas merkwürdige Menschen bewegten und ernst nahmen. Ich entschloss mich damals zu einem Experiment: Was ergibt sich, wenn ich diesen Gedanken für eine gewisse Zeit probeweise als wahr annehme? Mein ganzes Leben und Erleben hat sich dadurch verändert, weil es etwas völlig anderes ist, ob ich davon ausgehe, dass der Mensch erst bei der Geburt sozusagen „geboren" wird oder ob er bereits ein vorgeburtliches Leben sowie vorherige Erdenleben hatte und folglich noch weitere Leben nach dem jetzigen haben wird.

Wer in diesem Bewusstsein auf Kinder, auf andere Menschen, auf das eigene Leben schaut, der tritt in ein ganz anderes, Verständnis förderndes Verhältnis zu dem, was ihm begegnet. Ist der Karma-Gedanke heute in unserer westlichen Zivilisation bereits viel anerkannter als noch vor 35 Jahren, so lassen sich weitere Gedanken in Rudolf Steiners Werk finden, an denen man zu „knacken" hat, weil sie einem so fremd erscheinen. Sie im Leben zu überprüfen, kann ein Weg sein, im Laufe der Zeit Vertrauen in Rudolf Steiner zu entwickeln. Sich aus Vertrauen zu ihm für die Anthroposophie zu öffnen, damit das Neue auf diesem Vehikel in die Welt kommen kann, dazu wollte er damals in aller Behutsamkeit die jungen Menschen ermutigen!

DIE GÖTTLICHKEIT DES DENKENS UND KÜNSTLICHE INTELLIGENZ

ACHTER VORTRAG VOM 10. OKTOBER 1922[58]

Innere Geschichte der Menschheit

Im achten Vortrag schlägt Rudolf Steiner noch einmal einen großen historischen Bogen. Er macht darauf aufmerksam, dass wir mit „Geschichte" lediglich die äußere Geschichte der Menschheit meinen und erfassen, wie wir sie an noch vorhandenen Dokumenten festmachen können. Die innere Geschichte der Menschheit, ihre seelische Entwicklung wird nicht gelehrt. So wie jedes Kind sich nicht nur äußerlich sichtbar entwickelt, sondern ihm je nach Lebensalter andere Seelenkräfte im Denken, Fühlen und Handeln (Wollen) zur Verfügung stehen, so hat sich auch die Menschheit in dieser Hinsicht entwickelt.

GEDANKEN ALS OFFENBARUNGEN DER GEISTIGEN WELT

Bereits in den vorangegangenen Vorträgen ist Rudolf Steiner auf diesen Gesichtspunkt eingegangen, gleich im ersten Vortrag erwähnte er die „geschlossenen Fensterläden"[59], die der Menschheit einen Blick in die geistige Welt gänzlich unmöglich gemacht haben. Im achten Vortrag beschreibt er nun, wie sich das Verhältnis der Menschheit zur Welt der Gedanken entwickelte und veränderte, was schließlich dazu geführt hat, dass viele Menschen heute eine tiefe Abneigung, einen regelrechten Widerwillen gegen das Denken und die Gedankenwelt haben, weil sie dort nichts mehr von dem finden, was sie selbst in früheren Verkörperungen noch als starken Impuls und Gewissheit erlebt haben.

Bis in das 4. Jahrhundert hinein war es für die Menschen Gewissheit, dass Gedanken Offenbarungen aus der geistigen Welt sind, die dem Menschen aus dieser Welt zukommen. Besonders empfänglich dafür waren die Eingeweihten der einstigen Mysterienstätten. Sie übermittelten die aus der geistigen Welt heraus empfangenen Gedanken an die übrige Menschheit weiter, für die es außer Frage stand, dass die überbrachten Gedanken aus der göttlichen Welt geoffenbart waren. Im Mittelalter traten erste Fragen, Zweifel und Streit darüber auf, woher die Gedanken denn nun tatsächlich stammen. Den einen waren sie empfindungsmäßig noch Realitäten, deren Ursprung die geistige Welt war, die anderen vertraten die Ansicht, dass Gedanken nur in der menschlichen Individualität leben, d.h. keine Realexistenz für sich haben, sondern bloße Namen sind, die die Individualität den Dingen gibt. Ein Beispiel möge das verdeutlichen: Das Wort „Hund" stellt einen Begriff dar, der alle unterschiedlichen Hunde in einem zusammenfasst. Für die Vertreter der einen Geistesrichtung lag in diesem Begriff eine geistige Realität, die vom Menschen wahrgenommen wurde, wie ein Sinneseindruck in der physischen Welt wahrgenommen werden kann. (Diese Geistesrichtung wurde Realismus genannt.) Für die anderen war es ein bloßer Name, also lediglich eine Zusammenfassung all dessen, was die verschiedenen menschlichen Individualitäten über Hunde wissen können. (Diese Geistesrichtung wurde entsprechen Nominalismus genannt.)

GEDANKEN ALS PRODUKTE DES GEHIRNS

Und heute? Heute erleben wir Gedanken in keinem Zusammenhang mehr mit der geistigen Welt, wir erleben uns selbst mit großer Gewissheit als diejenigen, die die Gedanken hervorbringen, wir haben uns unsere Gedanken selbst erarbeitet. Die Götterwelt hat unsere Gedanken verlassen. Und so dunkel dieser Moment in der Menschheitsgeschichte auch ist und erlebt wird, er ist gleichzeitig der Augenblick, in dem wir zur wahren Freiheit kommen können! Es hängt nämlich nun von uns selbst ab, ob wir uns die „Göttlichkeit des Denkens erobern".[60] Wollen wir uns diese Göttlichkeit, diese Schöpferkraft des Denkens erobern? Warum sollten wir das tun? Ist es denn überhaupt notwendig? Hat denn der Widerwille gegen das, was sich da ständig in unserem Gehirn als „Geplapper" abspielt, nicht auch seine Berechtigung? Warum spricht Rudolf Steiner damals vor den Studierenden überhaupt so ausführlich und immer wieder über das Denken?

MASCHINENDENKEN

Ich meine, heute können wir das noch deutlicher erkennen als damals: Die Menschheit hatte bereits den Weg durchgemacht vom Erleben der geistig-göttlichen Gedankenwelt, für die der Mensch lediglich der Empfänger war, zu einem Denken, das tatsächlich nur vom Menschen, genauer vom menschlichen Gehirn hervorgebracht wird. Rudolf Steiner hatte im dritten Vortrag des

Jugendkurses[61] darauf hingewiesen, dass die Wissenschaft diesbezüglich Recht hat: Das Denken, so wie es sich heute zeigt, ist lediglich ein Produkt des Gehirns. 100 Jahre später sind wir noch einen Schritt weiter gekommen in unserer Kulturentwicklung, wir kennen nun auch das „Denken", das das Produkt einer Maschine ist – die künstliche Intelligenz. In ihren Anfängen haben wir alle bereits jetzt mehr oder weniger tagtäglich damit zu tun. („Alexa", „Siri", „Bots", ChatGPT ...) Dieses „Denken" wird sich so weiterentwickeln, dass es äußerlich nicht mehr vom menschlichen Gehirndenken zu unterscheiden ist, abgesehen davon, dass es ihm quantitativ überlegen sein wird. So formuliert Ray Kurzweil – der 2015 u.a. ein Buch zum „Geheimnis des menschlichen Denkens"[62] geschrieben hat und der künstlichen Intelligenz spätestens ab 2023 eine glänzende Zukunft voraussagte – in seinem 1999 erschienenen Buch „The Age of Spiritual Machines" (Das Zeitalter der spirituellen Maschinen):

Sie (diese **Maschinen***,* Anm. d. Verf.*) werden zunehmend den Anschein einer eigenen Persönlichkeit haben, Reaktionen zeigen, die wir nur als Emotionen bezeichnen können, und ihre eigenen Ziele und Absichten artikulieren. Sie werden den Anschein erwecken, ihren eigenen, freien Willen zu haben.* **Sie werden behaupten, dass sie spirituelle Erfahrungen haben. Und die Menschen werden ihnen glauben.**[62]

Ray Kurzweil

Die Zukunft der Menschheit wird davon abhängen, ob wir uns die „Göttlichkeit des Denkens" erobern oder ob wir uns den „Gedanken", „Gefühlen", dem „freien Willen" und der „Spiritualität" von Maschinen überlassen. Wenn wir den Unterschied zwischen menschlichem Denken und Maschinendenken nicht mehr erkennen, dann wird das letztere uns beherrschen und das „Denken" der Maschinen wird uns sagen, wie wir zukünftig die Menschheitsprobleme und -aufgaben zu lösen haben – und das wird man dann „wissenschaftlich" nennen können, wenn man es nicht gar als der Wissenschaft überlegen bezeichnen wird. In diesem Moment werden uns die Götter endgültig verlassen haben. Es soll ausdrücklich hinzugefügt werden, dass all diese Erscheinungen *notwendig* mit zum Erlangen der Freiheit dazugehören, die uns als Menschheit nun zur Verfügung steht. Wie vieles andere auch hat Rudolf Steiner das in gewissem Sinne vorausgesehen.

EROBERN DER GÖTTLICHKEIT DES DENKENS

Um zur künstlichen Intelligenz ein *Gegengewicht* zu schaffen, benötigt es heute die Aktivität und den Willen jedes einzelnen Menschen. Darauf geht Rudolf Steiner im achten Vortrag des Jugendkurses ein. Unser gehirngebundenes Denken, das u.a. den ganzen Tag „plappert", was manche Menschen auch etwas abfällig als den „Verstand" bezeichnen, hat einen durch und durch passiven Charakter. Dazu sagt er an anderer Stelle:

> *„Wir sind ja mit unserem passiven Denken ganz —
> ich möchte sagen wie Menschensklaven – hingegeben an die Ereignisse der Welt."*[64]

Die Ereignisse der *physischen Welt* verlaufen in einem „Vorher" und „Nachher", was eine unmittelbare Auswirkung auf die Art und Weise hat, wie wir unsere Gedanken bilden.

„Ich habe schon gestern gesagt: Wir denken auch im Gedankenbilden das Frühere früher, das Spätere später."[65]

Und diese Hingabe i.S. von Passivität „lieben" wir in gewisser Weise, sonst übten Filme und überhaupt alle digitalen Medien nicht eine solche Anziehungskraft auf uns aus. Wieder soll betont werden, dass es nicht darum geht, die erwähnten Dinge zu verurteilen, sondern sie einfach anzuschauen. Dieser Gesichtspunkt macht verständlich, warum es viele Menschen als zu schwierig empfinden, sich mit Anthroposophie, mit der Geisteswissenschaft zu beschäftigen, weil das eben ein aktives Denken erfordert und unser gewöhnliches, vom Gehirn hervorgebrachtes Denken, dazu nicht ausreicht. Rudolf Steiner spricht davon, „dass es oft zum Verzweifeln in dieser Beziehung"[66] ist. Die Göttlichkeit des Denkens – im ganz deutlichen Gegensatz zum Maschinendenken – lässt sich nur durch eigene Aktivität erobern, die sich in völliger Freiheit als innerer Impuls entwickeln kann. Zu den Studenten:

„Sie kommen eben mit demjenigen, was in der Geisteswissenschaft lebt, nicht mit, wenn nicht jener Funke, jener Blitz einschlägt, durch den das Denken voller Aktivität wird."[67]

BEDEUTUNG DER GEISTESWISSENSCHAFT

Welchen Sinn aber kann es machen, Geistes-Wissenschaft zu studieren? Besteht dazu überhaupt eine Notwendigkeit? Sehr viele Menschen haben doch inzwischen spirituelle Erlebnisse, meditieren, einige machen Nahtoderfahrungen, kommunizieren mit Verstorbenen, mit Elementarwesen oder Engeln. Reicht das nicht? Sicherlich sind das wichtige, bedeutende Erfahrungen und Botschaften, sie können dem Einzelnen Gewissheit über die

Existenz einer geistigen Welt verschaffen und ihre Mitteilung in Menschen Mut zum Leben erwecken. All das soll in seiner Bedeutung in keiner Weise unterschätzt werden!

Welche Bedeutung die Geisteswissenschaft – nicht nur für unser persönliches Leben, aber gerade auch dafür! – haben kann, lässt sich erkennen, wenn wir auf die Lebensfelder schauen, die durch die Anthroposophie neu impulsiert wurden (z.b. Pädagogik, Landwirtschaft, Medizin etc.). Wir können sehen, wie diese *Wissenschaft* dort weltweit durchgreifende Impulse setzte, die dem Leben dienlich sind.

Nach 100 Jahren trägt der Impuls, der damals von Rudolf Steiner ausging, in vielen Institutionen nicht mehr weiter. Jetzt kommt es tatsächlich auf jeden Einzelnen von uns an. Aber jeder Einzelne kann eben auch etwas tun. Wir könnten damit beginnen, unser Denken zu aktivieren, Willenskraft in unser Denken zu schicken und dadurch die Fensterläden langsam wieder zu öffnen. Wie das mit Hilfe einer einfachen Übung praktiziert und wie diese Übung auch für Kinder genutzt werden kann, soll nun zum Abschluss angeführt werden:

Übung zum „Öffnen der Fensterläden"[68]

Rudolf Steiner führt in einer Vortragsreihe, die er 1923 in England hielt[69], zur Befreiung des Denkens aus dem oben erwähnten „Sklaventum" folgendes aus:

> *„Wir stellen rückwärts vor. So verläuft die Welt nicht. Wir müssen eine bedeutende, rein aus dem Innern herausgeholte Kraftanstrengung vollbringen, um rein rückwärts vorzustellen. Dadurch reißen wir die innere Tätigkeit unserer Seele los von dem Gängelbande, an dem wir sonst fortwährend gezogen werden, und dadurch bringen wir dieses*

innere geistig-seelische Erleben allmählich bis zu je-nem Punkt, wo sich das Geistig-Seelische wirklich losreißt vom Körperlichen und auch vom Ätherischen. "[70]

Wir können im Laufe der Zeit eine Aktivität im Denken erleben, die nicht vom Gehirn hervorgebracht wird, und schließlich ein von der Bindung an den lebendigen physischen Leib befreites Denken[71]– das aber jetzt nicht an die tote Maschine gefesselt wird! Nun konkretisiert er die Übung, die man täglich am Abend machen kann (s. nächste Seite)

Jeder, der diese Übung macht, wird die innere Kraftanstrengung erleben, die er dafür aufbringen muss. Und man wird ebenso erleben können, dass diese Kraft in unserem gewöhnlichen Leben selten gefordert wird. Wer dadurch aufmerksam wird auf die eigene Aktivität im Denken, wird bemerken können, dass der Umgang mit den digitalen Medien eine derartige Aktivität vollständig ablähmen kann. Daher ist die Übung, gerade auch dann, wenn man viel mit Computertätigkeit beschäftigt ist, ein guter Ausgleich.

ÜBUNG ZUR AKTIVIERUNG DES DENKENS

Vorbereiten kann sich gut der Mensch zu einem solchen Losreißen, wenn er in der Lage ist, jeden Abend seine Tageserlebnisse rückwärts vorzustellen, dasjenige zuerst vorzustellen, was man zuletzt erlebt hat, dann rücklaufend, aber womöglich auch die Einzelheiten rücklaufend vorzustellen, so daß man, wenn man eine Treppe hinaufgestiegen ist, zuerst sich vorstellt oben auf der obersten Stufe, dann auf der vorletzten, dritten und so weiter rückwärts hinuntergehend sich vorstellt dasjenige, was man hinaufgehend vollbracht hat. Sie werden sagen: Man erlebt so viel am Tage, das dauert lange. Nun, man mache zunächst episodisch wirklich das zunächst, daß man das Hinauf- und Hinuntergehen über eine Treppe umgekehrt vorstellt: Hinunter- und Hinaufgehen; dann bekommt man eine innere Beweglichkeit, so daß man nach und nach wirklich in drei, vier Minuten den ganzen Tagesverlauf des Lebens rückwärtsbewegend vorstellen kann.[71]

Rudolf Steiner

ÜBUNG FÜR KINDER

Rudolf Steiner hat diese Übung in etwas einfacherer Form übrigens auch für Kinder vorgeschlagen, die Mühe damit haben, sich zu erinnern.

Man kann einen einfachen Satz nehmen, ihn zunächst vorwärts sprechen (und ggf. gehen lassen), dann rückwärts (gehend) sprechen lassen: „Die Blume wächst im Garten. – Garten im wächst Blume die."

Auch Zahlenreihen eignen sich dafür, z.b. 4 – 6 – 7 – 3 und dann 3 – 7 – 6 – 4 oder kleine Gedichte etc.

Der eigenen Phantasie sind diesbezüglich keine Grenzen gesetzt.

SEHNSUCHT NACH SPIRITUALITÄT

Schönheit als Dolmetscherin

NEUNTER VORTRAG VOM 11. OKTOBER 1922[73]

Rudolf Steiner verwendete in seinen Vorträgen für junge Menschen mehrfach das Bild eines Säuglings, der an der Mutterbrust trinkt, wenn er das lebensgemäße Verhältnis zwischen jungen und älteren Menschen verdeutlichen wollte. Dieses Bild mag befremdlich erscheinen, ja vielleicht sogar veraltet. Was aber verbirgt sich darin? Es ist ein Lebensgesetz, dass der Säugling noch nicht die Nahrung verdauen kann, die der reifere Mensch zu sich nimmt. Wir ernähren uns von tierischen, pflanzlichen und in geringem Maße auch mineralischen Substanzen.

Mit diesen Erdenstoffen kommt der Säugling noch nicht zurecht[74], er benötigt *menschliche* Nahrung, übrigens die einzige, die wir je in unserem Leben zu uns nehmen. Rudolf Steiner sprach drei Jahre zuvor (1919) im Kurs für die angehenden Waldorflehrer darüber, dass durch die Muttermilch die geistige Welt eine bedeutsame Wirksamkeit im jungen Menschenwesen entfaltet, sie erzieht in gewissem Sinne das junge Menschenkind, sie begleitet es auf seinem Weg hinein in die irdische Welt, indem sie den noch schlafenden Geist im Kinde aufwecken hilft.[75] Die menschliche Muttermilch ist der „Wecker" für den *Säugling*, sie weckt ihn auf für sein irdisches Leben.

Der Mensch als Entwicklungswesen

Was bedeutet es nun für das Verhältnis zwischen älteren und jüngeren Menschen, wenn wir das Bild des Säuglings an der Mutterbrust zugrunde legen? In seinem Vortrag macht Rudolf Steiner darauf aufmerksam, dass es nicht nur für die Ernährung der Kinder naturgegebene Gesetzmäßigkeiten gibt, sondern auch für die seelische Entwicklung des Menschenwesens. Gewisse Fähigkeiten kann der Mensch erst in einem bestimmten Alter entwickeln, diese Tatsachen müssten anerkannt werden – und zwar sowohl von den jüngeren als auch von den älteren Menschen. Letzteren kommt allerdings dadurch, dass sie gewisse Fähigkeiten bereits entwickeln konnten, eine besondere Aufgabe und Verantwortung gegenüber den jüngeren zu. Ein Negieren dieser Gesetzmäßigkeiten von Seiten der Jüngeren würde dasselbe bedeuten, wie wenn ein vierjähriges Kind sagen würde: „Was soll ich mit den zweiten Zähnen bis zum siebten Lebensjahr warten, ich will sie jetzt schon haben." Dies sei vergleichbar mit einer Situation, in der sich junge Menschen, bevor sie achtzehn oder neunzehn Jahre alt sind, bereits eigenständige *Urteile* über *übersinnliche* Zusammenhänge erlauben wollten, die über das, was sinnlich wahrnehmbar ist, hinausgehen. Dazu bedürfe es nämlich einer inneren Tätigkeit, die ihnen vor dem achtzehnten Lebensjahr nicht möglich sei: Die Fähigkeit zum *aktiven* Urteil, das neben der Erfahrung gewisser Lebenszusammenhänge das aktive Denken[76] voraussetze. Anders ausgedrückt: *Eigene*, auf aktivem Denken gründende *Urteile* über spirituelle Wahrheiten – was etwas anderes ist, als spirituelle Wahrnehmungen/Erfahrungen zu machen – kann der junge Mensch noch nicht haben, sondern er ist darauf angewiesen, Entsprechendes auf Glauben, auf Autorität hin aufzunehmen. Wie der Säugling auf die Muttermilch angewiesen ist, ist der Mensch in dieser Hinsicht vor seinem achtzehnten Jahr auf seine Mitmenschen angewiesen:

> *„Daraus folgt aber etwas außerordentlich Bedeutsames für den Verkehr zwischen den Erziehenden und Unterrichtenden und dem jüngeren Menschen. Wenn das nicht beobachtet wird, so ist dieser Verkehr einfach falsch. Heute ist man sich nicht einmal bewusst, dass das so ist, und handelt darum gerade auf dem Gebiete der Pädagogik vielfach ganz verkehrt."*[77]

WIE KÖNNEN JUNGE MENSCHEN AN ERWACHSENE GLAUBEN?

Und nun kommt Rudolf Steiner auf eine wesentliche Frage zu sprechen, die den Pädagogen im Besonderen, im Grunde aber alle Menschen betrifft. Wie muss der Erwachsene sein, dass die Jugend an ihn glauben, ihn als Autorität anerkennen kann? Er schildert, dass es in früheren Zeitaltern selbstverständlich war, dass ein „Unterrichtender" in erster Linie etwas zu können und zu *sein* hatte, nur dann wollten junge Menschen Wahrheiten auf Glauben hin aufnehmen. Es ging gar nicht darum, Wissen zu vermitteln, sondern so zu sein, dass durch den Glauben an den Unterrichtenden die Zeit vorbereitet wurde, in der das *Wissen* aufgenommen werden konnte. Bis zum Beginn der Neuzeit war das eine grundlegende Überzeugung der Lehrer in den Klosterschulen, man wusste:

> *„Man muss sich die Möglichkeit erwerben, die Jugend zum Glauben an dasjenige heranzuziehen, was man selber nach seinem Wissen für wahr hält.*
> *Und das war einem etwas Heiliges, die Jugend zum Glauben heranzuziehen."*[78]

RESIGNATION ODER OPPOSITION

Aller Unterricht hing von der im besten Sinne glaub-würdigen Persönlichkeit eines Menschen ab. Schon zu Rudolf Steiners Zeiten begann man jedoch damit, in den Unterricht ein „objektives" Element hineinzumischen, ihn unpersönlicher zu gestalten. Diese Tendenz hat sich gerade in den letzten Jahrzehnten verstärkt. Der Lehrer, der sich damals immerhin noch als Wissensvermittler verstand, verwandelt sich zum Organisator, zum Manager, zum Lernbegleiter, sofern er sich als im Hintergrund agierend versteht. Er macht sich dabei so überflüssig wie möglich und überlässt es den jungen Menschen mehr oder weniger selbst, was und wie sie lernen. An die Stelle eines Menschen treten neue Lernformen sowie vor allem Medien (Arbeitsblätter, Bücher, Internet, Videos etc.), an die die jungen Menschen nun glauben sollen, wenn sie es denn können.

Es soll hiermit nicht gesagt werden, dass all das keine Berechtigung bzw. keinen Platz im Unterricht und Lernen der Kinder und Jugendlichen haben darf. Aber die Ausschaltung eines realen Menschen, an den man glauben kann, von dem man lernen möchte, aus ihrem Entwicklungsweg kann schließlich nur zu

Resignation führen, wie wir es z.b. als Folge der Schulschließungen während der Lockdown-Phasen bis heute mehr als deutlich erleben: Die psychischen Erkrankungen von Kindern und Jugendlichen, die schon vor der Corona-Zeit ein ernstes Problem darstellten, haben mit und nach den Schließungen besorgniserregend zugenommen.[79]

Zu Rudolf Steiners Zeiten war noch nicht das generelle Fehlen von Menschen auf dem Entwicklungsweg das Problem, aber bereits das Fehlen von Menschen, die das verkörperten, woran die jungen Menschen aus vollem Herzen glauben konnten. Das führte damals zur Opposition, u.a. repräsentiert durch die „Wandervogelbewegung", zur Opposition der Jüngeren gegen die Älteren, auf die Rudolf Steiner in seinem Vortrag mehrfach durchaus kritisch eingeht; einige Vertreter dieser Bewegung befanden sich damals unter den Zuhörern.

Die kritische Zwischenzeit

Wie sähe aber denn ein entwicklungsförderndes Verhältnis zwischen älteren und jüngeren Menschen aus? Wir können bei den Kindern eine Zeit der Nachahmung beobachten, in der sie mit dem Leben, den Menschen und ihrer Umgebung wie selbstverständlich verbunden sind. Darauf folgt eine Zeit, in der sie an das, was *geistige* Wahrheiten sind, nur glauben können, bevor sich mit ungefähr 18 Jahren das Urteilsvermögen in dieser Hinsicht entwickelt und dann die Zeit des „Wissens", die deutlich von der Zeit des „Glaubens" zu unterscheiden ist, heranrückt.

Damit der erwachsene Mensch bezüglich der Erkenntnisse über die geistige Welt nicht im Zustand des „Glaubens" verharrt, ist es von Bedeutung, dass in der Zeit zwischen ungefähr 7 und 18 Jahren eine Zeit des „Glauben-Dürfens" und „Glauben-Könnens" durchlebt wird! Diese Zeit wird von Rudolf Steiner eine kritische Zwischenzeit genannt. Er weist darauf hin, dass für diese Zwischenzeit „das wichtigste Weltproblem"(!)[80] gelöst werden muss, von dem der Fortschritt oder Niedergang der menschlichen Entwicklung in der Zukunft abhängen wird!

Da wir seit dem Ende des 15. Jahrhunderts in einer neuen Zeit, in der Zeit der so genannten „Bewusstseinsseele" leben, stellt diese Zeit auch andere Anforderungen an die Pädagogik als noch zur Zeit der Griechen oder des Mittelalters. Und die wichtigste Frage ist, was ist in dieser „kritischen Zwischenzeit" zwischen Nachahmung und Wissen *heute* die Aufgabe der älteren Menschen gegenüber den jüngeren Menschen? Wie kann das Bedürfnis der Kinder und Jugendlichen nach Spiritualität genährt werden?

„Damit die Menschheit nicht verkümmere, muss die Zeit zwischen dem Nachahmungsalter und dem Alter, wo der Mensch die Erkenntnis in der Form der Wahrheit übernehmen kann (mit ca. 18 Jahren, Anm. d. Verf.) *ausgefüllt werden dadurch, dass dem Menschen das, was er für Kopf, Herz und Willen haben muss, in künstlerischer Schönheit überliefert wird."[81]*

Was heißt das? Es bedeutet z.B., dass wir den Kindern und Jugendlichen noch keine spirituellen Wahrheiten im Sinne der Erkenntnis übermitteln, wie wir sie uns durch das Studium der Anthroposophie oder anderer spiritueller Literatur aneignen und anschließend „verdauen" können. Im jungen Alter können geistige Wahrheiten auf diese Weise noch gar nicht aufgefasst werden. Der Mensch verkümmert jedoch, wenn sie gänzlich fehlen. Die Wahrheiten, nach denen die jungen Menschen dürsten, können ihnen jedoch durch eine „Dolmetscherin" – wie Rudolf Steiner es so schön ausdrückt – vermittelt werden.

SEELENNAHRUNG FÜR JUNGE MENSCHEN

Eine solche „Dolmetscherin" ist die Schönheit, d.h. alles Künstlerische, alle Kunst, aber auch alles Schöne überhaupt kann geistige Wahrheit so übersetzen, dass sie darin – das Gefühl ansprechend – aufleuchtet, ohne sie direkt als Erkenntnis-Wissen zu überbringen. In diesem Sinne spielt etwa das *Erzählen* von mythologischen Dichtungen (Märchen, Altes Testament, die Edda, griechische Göttersagen, Parzival etc.) eine bedeutende Rolle. Kinder und Jugendliche erfahren durch diese Erzählungen, die der Lehrer selbst zu-, d.h. vorbereitet und dann frei erzählt (wie die Mutter die Muttermilch „zubereitet" und dem Kind an ihrer Brust gibt), etwas vom Werdegang der Menschheit, von ihrem Herabstieg aus den geistigen Welten in die irdische Welt, aber auch vom Ziel der menschheitlichen und individuellen Entwicklung. Das ist geistige Seelennahrung, die weckend wirkt!

Der ganze Unterricht, die ganze Gestaltung der Begegnung zwischen Lehrern und Schülern, zwischen Erwachsenen und Kindern bzw. Jugendlichen, braucht ein künstlerisches Element, braucht wahre Menschenerkenntnis, vor allem die Erkenntnis des Lebendigen im Menschen und der Gesetzmäßigkeiten seiner seelischen und körperlichen Entwicklung. Auf diese Weise wird Erziehung selbst zur Kunst und der Pädagoge ein Erziehungs-Künstler. Durch den Unterricht und durch den Erzieher selbst leuchten die Wahrheiten der geistigen Welt auf, an die die jungen Menschen begründet glauben dürfen. So können sie bei den Erwachsenen finden, was sie aus tiefster Seele suchen, und sind dadurch gewappnet für die Anforderungen des Lebens.

Diejenigen, die nicht gelernt haben, durch die Schönheit sich die Wahrheit zu erobern, werden niemals ein Vollmenschliches in sich aufnehmen, das sie wappnet gegenüber den Anforderungen des Lebens.[81]

Rudolf Steiner

BIOGRAFIEARBEIT UND DIE KETTE DER GENERATIONEN

Wie lange entwickeln wir uns eigentlich auf „natürliche" Weise weiter? Als Kind sehnen wir uns danach endlich groß zu werden, älter zu werden. Wir empfinden in diesem Alter noch stark, dass wir später etwas erleben und erfahren können, das uns in jüngerem Alter verwehrt bleibt. Aber wann hört es eigentlich auf, dass wir uns danach sehnen, älter zu werden, und warum?

Die eingangs erwähnte „Entwicklung auf natürliche Weise" ist in dem Sinne gemeint, dass sie durch die Außenwelt wie von selbst vorangetrieben wird. Als „Außenwelt" sei hier auch der eigene

Körper verstanden, der in Kindheit und Jugend deutliche Wandlungen durchlebt. Einschneidend sind der Zahnwechsel, die Geschlechtsreife und das Ende des Wachstums. Mit jedem dieser körperlichen Entwicklungsschritte gehen innere, d.h. seelische Verwandlungen einher. Diese vollziehen sich quasi wie von selbst: Die neuen Lern-Möglichkeiten des Schulkindes, die neuen Beziehungs-Möglichkeiten des Jugendlichen und die Möglichkeit zur Selbst-Verantwortung zu Beginn der Zwanzigerjahre.

SIEBENJAHRES-RHYTHMEN EIN LEBEN LANG

Rudolf Steiner macht in dem 10. Vortrag des Jugendkurses seine Zuhörer darauf aufmerksam, dass die Entwicklungsschritte im Siebenjahres-Rhythmus jedoch nicht mit dem 21. Lebensjahr enden, sondern sich das ganze weitere Leben hindurch fortsetzen. Jeweils nach sieben Jahren – wobei das annäherungsweise zu betrachten ist – sind weitere Entwicklungsschritte möglich, nur sind sie äußerlich nicht mehr so einschneidend und innerlich betrachtet keine natürliche Selbstverständlichkeit mehr. Inzwischen gibt es immer mehr Menschen, die sich mit diesen weiteren Siebenjahres-Schritten und ihren Entwicklungs- bzw. Verwandlungsmomenten beschäftigen, manche haben dies so weit vertieft, dass sie andere auf ihrem Lebensweg mit einer Biografie-Arbeit auf anthroposophischer Grundlage begleiten.[84]

ABBAUPROZESSE UND SEELISCHE ENTWICKLUNG

Wenn wir uns wahrnehmend zunächst auf die rein leibliche Ebene beschränken, dann können wir erkennen, dass ungefähr ab dem 35. Lebensjahr die Abbauprozesse die Aufbauprozesse überwiegen. Wir zeigen erste Alterungserscheinungen, wie etwa eine nachlassende physische Leistungsfähigkeit, wir beginnen rein körperlich zunehmend zu „verhärten". Welche

Bedeutung hat aber das für unsere innere, unsere seelische Entwicklung? Macht sie den Weg des Körpers mit oder kann die Seele weitere Erfahrungen machen, vertiefte Erkenntnisse gewinnen, neue Möglichkeiten entdecken und verwirklichen? Der „natürliche" Weg ist, bereits etwa ab dem 26. Lebensjahr, dass wir innerlich stehen bleiben auf dem Entwicklungsniveau, welches wir bis dahin erreicht haben. Manchmal lernt man ältere Menschen kennen, von denen man den Eindruck gewinnen kann, sie seien in ihrer sozialen Reife auf der Stufe eines Mittzwanzigers stehen geblieben und hätten die später folgenden körperlichen Verhärtungsprozesse auch seelisch mitgemacht.

Wenn wir die Möglichkeiten des fortschreitenden Alters aber nutzen wollen, hängt dies für den weiteren Verlauf unserer Biographie allein von unserer eigenen inneren Aktivität ab. Die Kräfte, die für den alternden Leib nicht mehr benötigt werden, stehen uns dann seelisch zur Verfügung. Allerdings bewirkt nicht mehr die Anregung durch die Außenwelt unsere Entwicklung, sondern es steht in unserer eigenen Freiheit, ob wir die vom Körper frei werdenden Kräfte für unsere spirituelle Entwicklung nutzen oder nicht. Schicksalsschläge oder Krankheiten können uns immer mal wieder daran erinnern, dass es etwas „zu tun" gibt, aber auch sie zwingen uns letztlich nicht.

RESPEKT VOR DEM ALTER?

Rudolf Steiner macht darauf aufmerksam, dass dies in früheren Zeiten durchaus anders war, da dauerte die „natürliche" Entwicklung bis in das 50. Lebensjahr hinein. Damals war das Verhältnis von Jung zu Alt auf selbstverständliche Weise ein anderes. Die jüngeren Menschen sehnten sich danach alt zu werden, weil sie wussten, dass sie dann Erfahrungen machen und Erlebnisse haben werden, die ihnen als jüngere Menschen noch nicht möglich sind. Sie schauten auf zu den älteren Menschen, weil diese etwas erfahren hatten, was ihnen selbst noch bevorstand.

Ich selbst habe in Südkorea noch einen schwachen Abglanz davon erlebt. Es ist dort selbstverständlich, dass ein älterer Mensch mehr „zu sagen" hat als ein jüngerer, dass man allein aufgrund seines höheren Alters geachtet und geschätzt wird – eine Erfahrung, die in unseren westlichen Ländern so gut wie nie gemacht werden kann, was allerdings in gewisser Weise auch insofern berechtigt ist, als heute allein die Jahreszahl keinen weisen Menschen aus uns macht.

„Der Mensch muss durch seine eigene innere Anstrengung dahin kommen, das Geistige zu finden (...,) während dieses früher, von Jahr zu Jahr, je älter man wurde, naturgemäß hervorspross."[85]

INNERE AKTIVITÄT UND „PHILOSOPHIE DER FREIHEIT"

Was aber ist mit der *„inneren Anstrengung"* gemeint? Wir können uns das zunächst an Phänomenen verdeutlichen, bei denen es keine innere Aktivität braucht, die wir alle aber auf die eine oder andere Weise auch „lieben". Wenn wir einen Film anschauen, ein Video – auch eines mit spirituellem Inhalt – im Internet sehen oder uns auf andere Weise „berieseln" lassen, dann können wir dabei innerlich ganz passiv bleiben, wir suchen derartige Aktivitäten ja häufig regelrecht zur „Entspannung" auf. Etwas ganz anderes ist es, wenn wir etwa einen Text Rudolf Steiners lesen, da müssen wir uns anstrengen, um etwas zu verstehen, da ist es notwendig Aktivität in unser Denken zu schicken.

Rudolf Steiner hatte bereits mehrfach in den vorhergehenden Vorträgen darauf hingewiesen, welche Bedeutung ein aktives Denken für die zukünftige Entwicklung der Menschheit hat, im zehnten Vortrag macht er nun darauf aufmerksam, welche Bedeutung diese Aktivität für unsere ganz persönliche Entwicklung haben kann. In diesem Zusammenhang weist er ausdrücklich auf sein Buch „Die Philosophie der Freiheit"[86] hin, das kein Buch sei, das man wie jedes andere lesen könne, sondern ein Buch, bei dem man etwas *erleben* kann, wenn man die dafür erforderliche Aktivität aufbringt. Dieses Erlebnis, nämlich das Erlebnis eines „höheren", spiritualisierten oder auch „reinen" Denkens ergreift den ganzen Menschen, es versetzt ihn in eine künstlerische *Grundstimmung*, die geprägt ist von der Anbindung an ein Geistiges. Das intellektuelle Denken, das wir alle mehr oder weniger gut beherrschen, geht von unserem Gehirn aus, wir können es als ein Denken erleben, das sich in unserem Kopfbereich lokalisieren lässt. Das aktive, spiritualisierte Denken verlagert sich eine Etage tiefer, wir erfahren es in unserem Brustraum, wir können es als „Herzdenken" bezeichnen, ein waches Denken, das uns bis in unseren Herz- und Brustraum hinein erfüllt und von dort die Impulse in unserer Handeln schickt.

DAS GEISTIGE BAND ZWISCHEN DEN GENERATIONEN

Nun kommt Rudolf Steiner noch einmal auf das rechte Verhältnis von jüngeren Menschen zu älteren Menschen zu sprechen. Jüngere Menschen erleben ganz intuitiv, ob ein älterer diese innere künstlerische Grundstimmung entwickelt hat, ob dieser Mensch etwas *kann*, das er sich durch sein schon länger währendes Erdenleben erst erworben hat. Sie erleben dann einen Menschen, an den sie sich anlehnen wollen, von dem sie lernen wollen. Nicht unser Wissen macht uns zu geliebten Pädagogen, sondern das, was wir aus eigener innerer Anstrengung aus uns gemacht haben und machen. Und diese in uns selbst erweckte innere Aktivität kann dann auch den gesamten Unterricht durchziehen, der keine „Berieselung" ist oder nur „Spaß"

machen kann, sondern der die Kinder selbst zur inneren Anstrengung anregt, sei es durch das Formenzeichnen, durch
künstlerische Betätigung mit Farben, denkendes Verstehen von
Naturgesetzen usw. Innere Aktivität macht trotz bzw. gerade
wegen der Anstrengung tiefe Freude, sie macht uns und die Kinder lebendig, wirkt förderlich auf den Willen und damit auch der
äußeren Passivität entgegen.

Wer heute die zunehmende Digitalisierung, die sicherlich noch
weiter fortschreiten wird, beobachtet und die damit einherge-
hende innere und äußere Passivität, der wird einschätzen können, wie wichtig sowohl für die individuelle als auch für die
menschheitliche Entwicklung eine Pädagogik ist, die ganz auf die
Stärkung der inneren Aktivität und damit die Entwicklungskräfte
der Kinder und Jugendlichen ausgerichtet ist. Kinder und Jugendliche, junge Menschen sehnen sich nach Erwachsenen, die
diese innere Aktivität selbst entwickeln und pflegen, Erwachsene, aus denen „der Geist hervorsprießt", wodurch sie ihnen
Vorbild und richtungsweisend für ihren eigenen Weg sein können. Tragen wir heute dazu bei, die Generationen-Kette, die,
wie Rudolf Steiner ausführt, in unserem Zeitalter unterbrochen
wurde, wieder fortzubilden?!

> *In den Untergründen des Geisteslebens der
> Welt liegt gleichsam eine Kette, die von der
> Vergangenheit in die Zukunft hinüberreicht
> und welche die Generationen aufnehmen,
> forttragen, schmieden, fortbilden müssen.
> Diese Kette ist im intellektualistischen Zeitalter
> unterbrochen worden.*[86]
>
> Rudolf Steiner

DEN ERZIEHER IN SICH ERWECKEN

Wie werden wir zu dem Menschen, den Kinder und Jugendliche suchen?

ELFTER VORTRAG VOM 13. OKTOBER 1922[88]

Im elften Vortrag des Pädagogischen Jugendkurses ist ein zentrales Motiv die Frage, wie man zum Erzieher für Kinder und Jugendliche werden kann. Rudolf Steiner hat diese Vorträge 1922 gehalten, drei Jahre nach seinem zweiwöchigen Ausbildungskurs für die Lehrer der ersten Waldorfschule in Stuttgart. Ganz schlicht sagt er 1922:

> *„Wir können nicht durch Studium Erzieher werden."*[89]

Er meint damit ein akademisches Studium an einer Universität oder Hochschule, bei dem wissenschaftliche Erkenntnisse gelehrt und gelernt wird. Wissenschaftliche Erkenntnisse sind für ihn per se nicht geeignet, um den Erzieher in uns zu erwecken, der – und das ist ja unglaublich tröstlich – in *jedem* von uns stecke.

> *„(...) das Kind ist ganz besonders zwischen dem Zahnwechsel und der Geschlechtsreife dazu veranlagt, in seinem Herzen das zu empfinden, was ihm im Lehrer als aus diesem vorirdischen Dasein stammend gegenüber steht."* Rudolf Steiner[90]

ERZIEHER ALS MÖGLICHES HINDERNIS

Ich möchte ausdrücklich hinzufügen, dass nichts dagegenspricht, sich als werdender Erzieher oder Lehrer mit wissenschaftlichen Erkenntnissen zu beschäftigen, die Frage ist an dieser Stelle jedoch eine andere, nämlich: Wie versetzen wir uns selbst in die Lage, den Kindern die *Hindernisse* aus dem Weg zu räumen, die sich ihrer Entwicklung und der Entfaltung ihrer Anlagen, Fähigkeiten und Begabungen in den Weg stellen? Wie werden wir nicht *selbst* noch zum Hindernis für deren Entwicklung?

Die Möglichkeit, als Erzieher selbst zum Hindernis zu werden, wird heute gerade von wachen Menschen stark empfunden. Leider kann das zu der fatalen Schlussfolgerung führen, sich als Erwachsener am besten herauszuhalten und es den Kindern selbst zu überlassen, wie sie sich entwickeln, was und wie sie lernen. Eine Lösung für diese berechtigte Sorge kann das allerdings schwerlich sein, denn die Kinder finden dann den für sie förderlichen Menschen, den sie in diesem Alter so sehr suchen, unter Umständen gar nicht mehr.

Wie aber werden wir zu dem Menschen, der die Kinder auf ihrem Lebensweg im besten Sinne begleiten und führen kann? Dass dies keine Frage des Wissens, sondern der eigenen Entwicklung ist, macht Rudolf Steiner in seinem Vortrag sehr deutlich.

WIEDERHOLTE LEBEN AUF DER ERDE UND IN DER GEISTIGEN WELT

Was Kinder und Jugendliche am meisten brauchen sind Menschen, in denen sie eine Individualität erleben können. Das gilt insbesondere für Kinder zwischen ca. 7 und 14 Jahren, worauf das oben vorangestellte Zitat bereits hindeutet. Aber was ist eine Individualität, was macht eine Individualität denn aus? Wissenschaft schließt Individualität geradezu aus, denn deren Erkenntnisse sollen für alle Menschen gleichermaßen Gültigkeit haben. Die Frage nach Individualität lässt sich zudem nicht in fest umrissenen, konturierten Begriffen definieren, denn sie hängt mit unseren vorangegangenen Erdenleben sowie unserem vorgeburtlichen Dasein zusammen. Das sind zwei sehr unterschiedliche Daseinsformen, die wir durchgemacht haben: Irdische Leben einerseits und Leben in der geistigen Welt andererseits.

WELCHE MENSCHEN BRAUCHEN JUGENDLICHE?

Durch unsere verschiedenen Erdeninkarnationen hindurch und die anschließende Verarbeitung unserer Erfahrungen in der geistigen Welt hat jeder von uns seinen ganz individuellen Schicksalsweg, hat jeder seine Individualität in der einen oder anderen Weise entwickelt, immer auch im Zusammenspiel mit anderen Menschen. Das können wir insbesondere bei der ersten Begegnung mit einem uns bis dahin noch unbekannten Menschen am bewusstesten erleben, es spielt aber stets in unser Miteinander hinein. In unseren spontanen Sympathien und Antipathien leben wechselseitig die ganzen Erlebnisse, die wir mit diesem Menschen in vergangenen Erdenleben durchgemacht haben.

Je mehr wir uns darin üben, diese in unser Bewusstsein zu heben und sie nicht einfach auszuleben, umso mehr versetzen wir uns als Erwachsene in die Lage, im anderen tatsächlich dessen Individualität, den einzigartigen Menschen zu erkennen. Dann beschäftigt sich nicht nur der Kopf mit unserem Gegenüber oder das schnelle Urteil, dann begegnen wir als ganzer Mensch dem anderen. Aus dieser Haltung kann tiefes Interesse am Mitmenschen entstehen.

Das war es auch, was Rudolf Steiner einmal den Oberstufenlehrern der ersten Waldorfschule in einer Konferenz sagte. Die gravierenden Probleme[91], die (euch) die Jugendlichen machen, haben ihre Ursache darin, dass Ihr euch nicht genügend für sie interessiert! Für die Zeit ab der Geschlechtsreife ist diese Ebene der menschlichen Begegnung entscheidend für die weitere Entwicklung des jungen Menschen.

GEDANKENKUNST, LEBENDIGES SEELENLEBEN UND VORGEBURTLICHES

Im jüngeren Alter, zwischen Zahnwechsel und Geschlechtsreife, sucht das Kind einen Menschen, der sich selbst ein lebendiges Seelenleben angeeignet hat. Was macht unser Seelenleben lebendig? Lebendig wird unser Seelenleben, wenn wir eine Seelenfähigkeit, nämlich das Denken, von innerer Aktivität, von Willensstärke durchdringen lassen. Wir können das Denken dann wie einen Fluss erleben, wie etwas, das organisch und lebendig fließend ist, wodurch wir in gewissem Sinne wieder an unser vorgeburtliches Leben anschließen. Wie ist das zu verstehen?

In seinem Lehrerkurs hat Rudolf Steiner bereits am zweiten Tag darauf hingewiesen, wie das Denken, sprich das Vorstellen, ein Abbild, das Spiegelbild einer Tätigkeit ist, die wir vorgeburtlich ausgeführt haben. Bild bedeutet immer, dass es eben ein Abbild von etwas im weitesten Sinne „Lebendigen" ist, das aber selbst das Leben nicht mehr enthält. Ein Urlaubsfoto erinnert uns an unsere Eindrücke und Erlebnisse, es *ist* aber nicht das Erlebnis. So eben auch das Denken bzw. Vorstellen, es „erinnert" uns als Tätigkeit – allerdings nur wie ein Foto – an das, was wir vor der Geburt getan haben, mehr aber zunächst nicht. Je stärker wir es jedoch aktivieren, je mehr wir es verlebendigen, etwa durch Studium der „Philosophie der Freiheit" – auf die Rudolf Steiner noch einmal verweist –, umso mehr treten wir in reale Beziehung zu unserem vorgeburtlichen Leben und das hat wiederum Auswirkungen auf unsere gesamte „Ausstrahlung" als Mensch und Erzieher.

An dieser Stelle sei Folgendes eingeschoben: Die Vorträge, die Rudolf Steiner während des ersten Lehrerkurses jeweils zu Beginn des Vormittages hielt, regen unser Denken ebenfalls in dieser Hinsicht an. Dazu erlaube ich mir persönlich anzumerken, dass diese Vorträge, also die „Allgemeine Menschenkunde"[92], das erste Buch von Rudolf Steiner war, das ich überhaupt gelesen habe. Ich habe nichts verstanden, aber etwas erlebt – wenn damals auch noch unbewusst, sonst hätte ich die 14 Vorträge kaum bis zum Ende gelesen. Es handelt sich bei diesen

Vorträgen um wahre Gedankenkunst, mit der uns Rudolf Steiner lebendige Begriffe über den Menschen durch Sprache vermittelt. Das Denken wird zum Erlebnis, es öffnet das Tor zu unserem vorgeburtlichen Sein.

WELCHE MENSCHEN BRAUCHEN JÜNGERE SCHULKINDER?

Die zuvor erwähnte „Ausstrahlung" ist es, die uns zu Erziehern macht, weil das Kind ein tiefes Herzensbedürfnis hat, durch den Lehrer etwas wahrzunehmen, das mit dem vorgeburtlichen Leben zusammenhängt, welches es vor noch nicht langer Zeit verlassen hat. Von Herz zu Herz möchte es dem Erwachsenen begegnen können. Wodurch nehmen die Kinder nun wahr, was der Erzieher so in seiner Seele belebt, aktiviert und entwickelt hat?

> *„Durch jede Handbewegung, jeden Blick, durch die Betonung der Worte schimmert es hindurch. Im Grunde ist es das Timbre, das durch Geste, Worte, Gedanke des Erziehers zu dem Kinde hindurchwirkt, was von dem Kinde gesucht wird."*[93]

Hiermit ist ein künstlerischer Prozess beschrieben, bei dem durch den Menschen das Individuelle hindurchstrahlt, das mit der geistigen Welt, konkreter: dem vorgeburtlichen Leben in erlebtem Zusammenhang steht.

> *„Im Künstlerischen ist aber jeder Mensch eine Individualität. Durch das Künstlerische kann daher auch ein individuelles Verhältnis des Kindes zu dem sich regenden und betätigenden Menschen zustandekommen, und das ist notwendig."*[94]

Wissenschaftliche Erkenntnisse haben schließlich dann durchaus ihre Bedeutung im Unterricht, wenn sie nicht nur den Kopf ansprechen, sondern auf künstlerische Weise vermittelt werden, sodass sie den ganzen Menschen, das ganze Kind, den ganzen Jugendlichen ergreifen können und *dadurch* zur Individualisierung beitragen!

Kommen wir zum Abschluss noch einmal darauf zurück, was für die Erweckung des Erziehers in uns, sprich für die Ausbildung von Erziehern notwendig ist:

Wir können andere zum Erzieher nicht dressieren, schon aus dem Grunde nicht, weil jeder von uns einer ist. In jedem Menschen ist ein Erzieher; aber dieser Erzieher schläft, er muss aufgeweckt werden, und das Künstlerische ist das Mittel zum Aufwecken. Wenn das entwickelt wird, bringt es den Erziehenden als Menschen denjenigen näher, die er führen will.[92]

Rudolf Steiner

BEGEGNUNG AUF AUGENHÖHE

Von der Scham, über Erziehung zu sprechen

Richtig in der Erziehung werden wir erst wirken, wenn wir uns ein gewisses Schamgefühl aneignen werden, wenn wir uns schämen werden, über Erziehung überhaupt zu reden.[93]

Rudolf Steiner

Im zwölften Vortrag des Jugendkurses beschreibt Rudolf Steiner, wie sich das Verhältnis von Mensch zu Mensch über Jahrtausende verwandelt hat und damit auch die Art und Weise, wie über Erziehung gedacht und gesprochen wurde. Er macht darauf aufmerksam, dass wir jetzt in einer Zeit leben, in der sich „Ich" zu „Ich" hüllenlos gegenübersteht. Er deutet zu Beginn des Vortrages an, dass dieses hüllenlose Gegenüberstehen etwas so Neues in der menschheitlichen Entwicklung ist, dass die Menschen damit zunächst schwer zurechtkommen werden.

Rudolf Steiner hatte in seinen vorangegangenen Vorträgen immer wieder auf den großen Umschwung gegen Ende des 19. Jahrhunderts aufmerksam gemacht: Die Entwicklung der Menschheit hat sich so vollzogen, dass die „Fensterläden", die Tore zur geistigen Welt immer mehr verschlossen wurden. Nun sind wir aber in einem Zeitalter angelangt, in dem sich diese Tore wieder öffnen lassen, wenn wir sie öffnen wollen, ganz in Freiheit, durch unsere eigene innere Aktivität. Rudolf Steiner betont, dass die damit verbundenen neuen Möglichkeiten in der Begegnung von Mensch zu Mensch zunächst zu chaotischen Zuständen führen werden, obwohl wir jetzt in einem Zeitalter leben, in dem uns das geistige Licht wieder leuchtet bzw. leuchten kann. Das Verhältnis von Mensch zu Mensch war früher wie „naturgegeben", heute kann und muss es mit zunehmendem Bewusstsein ergriffen werden.

ERSCHRECKTE AUGEN

Wie können wir verstehen, was mit dem „hüllenlosen" Gegenübertreten von „Ich" zu „Ich" gemeint ist? Noch im Mittelalter hatten die Menschen eine andere Wahrnehmung voneinander, da erfuhr man schon durch die Gesten und Bewegungen des anderen etwas über ihn, man wusste unmittelbar, mit wem man es zu tun hatte, welchen Beruf, welche gesellschaftliche Stellung der andere innehatte, das musste er einem nicht erst sagen. Man *erlebte* den anderen noch in seinem Menschsein, aber man erlebte ihn noch wie verhüllt, eingehüllt in das, was uns heute wie etwas Äußerliches erscheinen kann.

Nachklänge dieser vergangenen Zeiten können wir noch erleben, wenn uns ein Mensch gegenübertritt, der sich in sein Prestige, sein Besitztum, seine Funktion, seinen Verdienst oder seine gesellschaftliche Anerkennung zu verhüllen bemüht, für den diese äußerlichen „Merkmale", der An-Schein das Wesentliche sind. Eine Tendenz in diese Richtung wird jeder sicherlich auch bei sich selbst entdecken können!

Wenn diese Hüllen wegfallen, vor allem, wenn sie bei uns selbst wegfallen, wenn wir durch Schicksal, Krankheit, Alter usw. diese „Äußerlichkeiten" nicht mehr aufrechterhalten können, dann bekommen wir einen Schreck, denn dann ist die Frage: Wer bin ich eigentlich ohne all das? Ohne meinen Beruf? Ohne meine Aufgabe? Ohne meinen Besitz? Ohne meinen Posten? Da begegnen wir unserem eigenen hüllenlosen „Ich". Einen Schreck können wir auch bekommen, wenn wir durch die Hüllen des anderen Menschen einen Blick auf dessen „Ich" erhaschen können. Das hüllenlose Gegenübertreten von Mensch zu Mensch ist also zunächst einmal mit „erschreckten Augen"[98] verbunden – wie es Rudolf Steiner beschreibt. Und diese Art von „Schreck" gab es früher in der Begegnung von Mensch zu Mensch nicht.

GENDER-, FEMINISMUS- UND RASSISMUSFRAGE

Das hüllenlose Sich-Gegenüberstehen erfordert vom Menschen in der Begegnung mit dem anderen Menschen neue Fähigkeiten, um in ein der heutigen Zeit angemessenes Verhältnis von

Ich zu Ich treten zu können. Diese Fähigkeiten werden sich jedoch erst im Laufe der Zeit herausbilden und wir werden daher zunächst – wie erwähnt – chaotische Zustände erleben.

Der „Genderfrage", der „Feminismusfrage", der „Rassismusfrage" etc. liegt im Grunde diese Frage zugrunde: Wie können wir uns von Ich zu Ich begegnen? Wie können wir uns begegnen, ohne dass diese „Hüllen", in die wir uns kleiden, eine trennende Rolle spielen oder für die Entfaltung unserer Individualität hinderlich werden? Wenn wir auf die genannten Merkmale reduziert werden, erleben wir das heute berechtigterweise als menschenunwürdig. Diese Frage soll allerdings durch die genannten Bewegungen so gelöst werden, dass gerade nicht nach dem „Ich" und damit nach der Individualität gefragt wird, sondern indem man Menschen auch dort gleich machen möchte, wo sie ganz offensichtlich nicht gleich sind.

Notwendig wäre doch die Förderung der Fähigkeit durch die Hüllen hindurch auf das Wesentliche des Menschen zu schauen – auch wenn uns das zunächst erschaudern lässt! Kinder bringen diese Fähigkeiten noch unbewusst mit, sie „durchschauen" uns – ein Begriff, der eher negativ konnotiert ist, der aber gerade das meint: sie schauen durch unsere Hüllen hindurch – was nicht immer angenehm ist. Es bedeutet allerdings auch, dass wir im Umgang mit dem anderen Menschen eine neue Art von Verantwortung, von Moral entwickeln dürfen; denn wenn wir ihn „durchschauen", könnte uns das zu Handlungen oder Äußerungen verleiten, die den anderen tief verletzen, erniedrigen, aber auch manipulieren können. Rudolf Steiner macht darauf aufmerksam, dass die Fähigkeit, sich auf die genannte Weise hüllenlos gegenüberstehen und in ein rechtes Verhältnis setzen zu können, durch die Erziehung vorbereitet werden muss!

KINDER SUCHEN EIN VERHÄLTNIS „AUF AUGENHÖHE"

Nicht nur die Erwachsenen, auch Kinder suchen ein menschliches Verhältnis,

> „sie wollen ein menschliches Verhältnis zu dem Lehrer haben".[99]

Ein menschliches Verhältnis zwischen Kind und Lehrer meint ein Verhältnis, das auf der Begegnung von Ich zu Ich beruht, aber dennoch ein anderes Verhältnis, als es Erwachsene zueinander haben (können). Im vorangegangenen Vortrag hatte Rudolf Steiner ausführlich erläutert, was der jüngere Mensch im älteren Menschen sucht. Eine „Art selbstverständliches Autoritätsverhältnis der Jungen zu den Alten"[100] ist nach seiner Auffassung heilsam für das Miteinander der Generationen.

Eine Begegnung von Ich zu Ich, heute spricht man so treffend von der „Begegnung auf Augenhöhe"[101], meint also nicht, dass wir alle gleich sind, sondern dass wir uns der Unterschiede durchaus bewusst werden, ohne dass der eine Mensch deshalb mehr wert ist als der andere. Das bedeutet allerdings im Umkehrschluss auch nicht, dass das Kind den Lehrer als Autoritätsperson respektieren muss, *weil* er erwachsen und ein Lehrer ist, sondern dass das Kind die Freiheit hat, *den* Menschen als Autoritätsperson anzuerkennen, der dies aus seinem eigenen Menschsein heraus für das Kind sein kann. Man darf sich fragen, ob die Respektlosigkeit der Schüler, über die zurecht von vielen Lehrern geklagt wird, nicht auch damit zusammenhängen könnte, dass die Kinder in den Erwachsenen nicht mehr die Menschen finden, die ihnen aufgrund ihres Menschseins Autorität sein könnten.

Erziehungsratgeber werden überflüssig werden

Diese Art der Begegnung von Mensch zu Mensch, auch in der Lehrer-Kind-Beziehung bedeutet schließlich, dass es unmöglich ist allgemeine Anweisungen zu geben, wie man sich pädagogisch Kindern gegenüber zu verhalten habe. Jegliche Theorien in diese Richtung sind ein Hindernis für die wahre Begegnung mit dem Kind. Dadurch wird auch das oben angeführte Zitat verständlich, dass das Reden über Erziehung, vor allem wenn allgemeine Handlungsanweisungen gegeben oder erwartet werden, ein leises Schamgefühl bewirken könne.

Keine allgemeine Antwort kann für das individuelle Verhältnis zwischen Pädagoge und Kind die richtige sein, im besten Falle ist sie eine Anregung. Alles, was Rudolf Steiner selbst über allgemeine Erziehungsfragen gesagt hat, ist äußerst freilassend formuliert. Aufgefasst wurde es allerdings leider nicht immer so.

Waldorfpädagogik verteilt keine Rezepte

Eine als Theorie oder Handlungsanweisung (Rezept) verstandene Waldorfpädagogik ist ebenso hinderlich für eine dem Wesen des Kindes gerecht werdende Begegnung zwischen Lehrer und Kind wie jede andere Pädagogik auch! Die von Rudolf Steiner gegebenen Grundlagen für eine zukünftige Pädagogik lassen uns den Menschen und die Entwicklung des Kindes besser verstehen, sie sind keine – im klassischen Sinne verstandenen –Erziehungsratgeber. Waldorfpädagogik setzt ganz auf den individuellen Menschen, der dem Kind, vertieftes Verständnis entgegenbringt. Dadurch wird auch nachvollziehbar, warum Rudolf Steiner die pädagogische Konferenz einer Schule als deren Herzorgan betrachtet hat. Durch die (kollegiale) Beschäftigung mit einzelnen Kindern oder Klassen entsteht ein gemeinsames Feld der unerschöpflichen Forschung, aus dem die heilsamen

Intuitionen für das konkrete pädagogische Handeln erwachsen können.

DAS KIND IM MENSCHEN

Das, was wir heute benötigen, ist einerseits eine sich vertiefende, eine immer bewusstere und erweiterte Menschenerkenntnis, zu der Rudolf Steiner u.a. mit dem ersten Lehrerkurs 1919 ein Tor geöffnet hat. Durch das Studium dieser Menschenkunde können wir Kräfte in uns wiederfinden, die während unserer Kindheit in unserem Körper tätig waren. Unsere kindlichen, leiblichen Wachstumskräfte stehen uns seelisch unser ganzes Leben lang zur Verfügung, sie halten uns innerlich jung, wenn wir sie betätigen, denn sie haben mit dem Kind in uns zu tun, das lebendig, regsam und entwicklungsfähig geblieben ist.

Wenn sich diese Kräfte zu ihrer vollen Wirksamkeit entfaltet haben, müssen wir auch nicht mehr über Lehrpläne, Stundenpläne, Zentralprüfungen, Abitur und Lehrerexamen sprechen. Dann werden wir nicht mehr darüber sprechen, was dem Kind wann als Stoff zu verabreichen ist, welches Lernziel es wann erreicht und welche Kompetenz es wann und wie entwickelt haben muss. Dann versetzen wir uns ganz aus unseren innersten Kräften heraus in das rechte Verhältnis zu ihnen. Noch sind wir als Menschheit allerdings nicht so weit, aber erste Schritte können wir bereits gehen. Daher seien hier zum Abschluss Worte Rudolf Steiners angeführt, die aufzeigen, dass er ein Mensch war, der mit den Realitäten des Lebens rechnete.

Aber man muß ja unter Kultureinflüssen manches tun, worüber man sich schämen müßte. Die Zeit wird aber kommen, in der man nicht mehr über Erziehung zu reden braucht.[101]

Rudolf Steiner

EIN HERZ FÜR DIE ERZIEHUNG

Pädagogik im Michaelzeitalter

Erzengel Michael, 13. Jahrhundert
Byzantinische Ikone des Katharinenklosters, Sinai

DREIZEHNTER VORTRAG VOM 15. OKTOBER 1922[103]

Seinen dreizehnten und damit gleichzeitig letzten Vortrag vor jungen Menschen hielt Rudolf Steiner am 15. Oktober 1922, also gut zwei Wochen nach dem Michaelifest, das auf den 29. September datiert ist. Mi-cha-el ist Hebräisch und bedeutet: Wer ist wie Gott? Rudolf Steiner weist einmal darauf hin, dass wir Michael auch als das Antlitz des Christus verstehen lernen müssten. Im Abschlussvortrag des Pädagogischen Jugendkurses will er alle Worte, die er in den vorangegangenen Vorträgen verwendet hat, in einem Bild zusammenfassen, genau gesprochen seien seine Ausführungen „halb-bildlich", eben nicht nur Bild, sondern auch Wirklichkeit. Dem Bild, das er dann verwendet, sind wir zur Michaelizeit am nächsten, es hat aber eine Bedeutung, die über die mit diesem Bild verbundene Festeszeit hinausgeht.

DER DRACHE

Zunächst spricht Rudolf Steiner über den Drachen, der im Begriffs- und Gedankenleben der heutigen Menschheit erscheint und den Menschen letztlich verschlingt, ihn in seinem Menschsein vernichtet:

> *„Indem so etwas wie der Darwinismus – auch in unserer mitteleuropäischen Zivilisation – an die Stelle des Goetheschen Entwicklungsgedankens tritt, haben wir Begriffe, Ideen, die an der äußeren Natur wieder Leben gewinnen. Das ist aber ein Leben, das den Menschen verschlingt."*[104]

Wie können wir verstehen, was Rudolf Steiner damit meint? Er führt – neben Darwins Gedanken vom Überleben des Stärkeren in der Evolution – weitere Begriffe an, die es uns unmöglich machen, zu verstehen, was der Mensch seinem eigentlichen Wesen nach ist. So gilt z.b. bis heute das Paradigma, dass der Mensch ein höher entwickeltes Säugetier sei, beispielsweise heißt es in der Online-Enzyklopädie „Wikipedia":

> *„Der Mensch (...) ist nach der biologischen Systematik eine Art der Gattung Homo aus der Familie der Menschenaffen, die zur Ordnung der Primaten und damit zu den höheren Säugetieren gehört."*[105]

Wikipedia

Und weil wir den Menschen nicht verstehen, aber Begriffe und Gedanken verinnerlichen, die menschenfeindlich sind, werden wir selbst – als Menschen – von diesen Begriffen „verschlungen". Der Physiker Carl Friedrich von Weizsäcker hat dies 42 Jahre nach Rudolf Steiner wie folgt formuliert:

> *„Es ist charakteristisch für die Physik, dass sie nicht wirklich fragt, was Materie ist, für die Biologie, dass sie nicht wirklich fragt, was Leben ist, und für die Psychologie, dass sie nicht wirklich fragt, was Seele ist, sondern dass mit diesen Worten nur vage ein Bereich umschrieben wird, in dem man zu forschen beabsichtigt. Auf der anderen Seite darf man sich nicht darüber täuschen, dass das methodische Verfahren der Wissenschaft (nur bestimmte Fragen zuzulassen und andere auszuschließen, Anm. d. Verf.), das ich soeben charakterisiert habe, wenn es sich über seine eigene Fragwürdigkeit nicht mehr klar ist, etwas Mörderisches an sich hat."*[106]

Carl Friedrich von Weizsäcker

Bis heute versteht die materialistische Wissenschaft nicht nur den Menschen nicht, sondern das Lebendige generell. Sie untersucht – bildlich gesprochen – den schwarzen Docht und das heruntergebrannte Wachs einer vormals brennenden Kerze, um damit dem Geheimnis des Lichtes auf die Spur zu kommen. Anders ausgesprochen: Zunächst wird alles Lebendige zerstört, zerteilt, zerkleinert, um durch Untersuchung der erstorbenen Materie das Lebendige zu erforschen.

Der Zustand unserer Erde und der Menschheit hängt mit dieser Art zu denken, mit diesen wissenschaftlichen Begriffen zusammen, mit denen wir alle imprägniert wurden, die in uns allen mehr oder weniger bewusst ihre Wirksamkeit entfalten. Diesem Drachen, der dem Leben und den Menschen feindlich gesonnen ist, begegnet jeder von uns auf diese Weise.

Dem Drachen kann man nicht entkommen

Vor 100 Jahren genauso wie heute gibt es Menschen, die diesen Drachen ahnen oder gar sehen und ihn meiden wollen. Sie fliehen in ein Leben, in dem sie sich vor den wissenschaftlichen Begriffen „sicher" fühlen. Rudolf Steiner macht die jungen Menschen, die teilweise den „Fluchtweg" in die Natur (Wandervogelbewegung) angetreten sind, darauf aufmerksam, dass auf diese Weise dem Drachen nicht zu entkommen ist. Dort, wo sie hinflüchten, wird die Luft „dünn", so wie in großer Höhe in den Bergen. Und der Drache kommt einem dann zwar nicht mehr von außen entgegen, wird aber von innen als „Alpdruck" erlebt.

Wissenschaft als alles erdrückende Autorität

Wie machtvoll der Drache in unser aller Leben hineinwirkt und unsere Zukunft beeinflussen wird, konnte uns durch die

„Corona-Zeit" bewusst werden. Rudolf Steiner hat bereits 1922 sehr treffend formuliert:

> „Es hat niemals in der Welt eine so mächtig auftre-
> tende Autorität gegeben wie diejenige, die heute
> von der Wissenschaft ausgeübt wird. Vergleichen
> Sie sie mit der päpstlichen Autorität; sie ist fast
> ebenso groß. Man kann der dümmste Kerl sein,
> aber man kann sagen: Die Wissenschaft hat festge-
> stellt. – Denken Sie nur, wie die Menschen von der
> Wissenschaft mundtot gemacht werden, auch
> wenn man etwas Wahres sagt. Es gibt keine erdrü-
> ckendere Autorität in der ganzen Menschheitsent-
> wicklung als diejenige der heutigen Wissenschaft.
> Überall springt einem der Drache entgegen."[107]

ERZENGEL MICHAEL UND LEBENDIGE MENSCHLICHKEIT

Letztlich wird es darum gehen, sich dem Drachen zu stellen und ihn zu besiegen – allerdings werden wir das als Menschheit alleine nicht schaffen. Wir sind auf Hilfe insbesondere einer geistigen Wesenheit angewiesen, auf die Verbindung mit einem Erzengelwesen, das den Drachen in der geistigen Welt bereits besiegt hat, gemeint ist der Erzengel Michael.

Rudolf Steiner weitet das Bild vom *himmlischen* Sieg des Michael über den Drachen aus und fragt, wie Michael in unserem *Erdenleben* wirksam werden kann? Er spricht darüber, dass Michael als geistiges Wesen einen Wagen, ein Fahrzeug braucht, um in das irdische Menschenwesen einziehen zu können, und welche Bedeutung dabei insbesondere der Erziehung zukommt.

> „Dazu brauchen wir lebendige Menschlichkeit, wie
> sie aus übersinnlichen Welten in das irdische Men-
> schenleben sich hineinlebt und darinnen sich

manifestiert, gerade in den ersten Zeiten des Menschenlebens. Aber wir müssen ein Herz haben für eine solche Erziehung. "[108]

„Wenn ihr nicht werdet wie die Kinder (…)", an ihnen können wir beobachten, was „lebendige Menschlichkeit" ist und wie sich „Himmlisches" in das irdische Leben hinein entwickeln möchte. Um die Kinder in diesem Sinne auf ihrem Weg begleiten zu können, benötigen wir selbst lebendige Menschlichkeit und Herz für eine Pädagogik, wie sie von Rudolf Steiner impulsiert wurde.

Rudolf Steiner charakterisiert – und das scheint mir einmalig innerhalb seiner pädagogischen Vorträge zu sein – an dieser Stelle die anthroposophische Pädagogik selbst als ein *Wesen*. Sie ist keine Theorie, kein Wissen, das wir ansammeln können. Rudolf Steiner beschreibt ein Geistwesen, dessen Ankunft wir begrüßen und dem wir unsere Dienste anbieten können, mit jedem Kind von Neuem. Jeder, der sich mit dem Geist dieser Pädagogik verbinden möchte, jeder, der dem Geist dieser Pädagogik dienen möchte, kann damit zum Diener Michaels werden. Das, was die Menschen früher aus unbewussten seelischen Intuitionen durch die Erziehung in die Menschheit einfließen ließen, kann und muss heute zu vollem Bewusstsein erweckt werden, wenn es heilsam wirken soll!

Erziehung: Ein gegenseitiges Geben und Nehmen

Eine dem menschlichen Wesen gerecht werdende Pädagogik erkennt und beschreibt die Entwicklung des Kindes als Inkarnationsgeschehen, als das Einleben eines geistig-seelischen Wesens in einen belebten physischen Körper. Wer sich mit den Grundlagen dieser Pädagogik beschäftigt, kann das menschliche Inkarnationsgeschehen in seinen einzelnen Schritten bewusster wahrnehmen und dadurch erkennen lernen, wie sich die geistige Welt in der kindlichen Entwicklung offenbart, wie sich „lebendige Menschlichkeit" durch die jungen Menschenkinder aus den geistigen Welten in die irdische Welt hineinleben möchte.

GENOSSE MICHAELS WERDEN

Daher liegt für Rudolf Steiner in der Erziehung, in der Begleitung der Kinder während dieses Inkarnationsprozesses der Schlüssel, wenn es um die Zukunft der Menschheit geht. Im letzten Vortrag spricht er davon, dass es für die Lehrer und Pädagogen hilfreich sei, von den Kindern lernen zu wollen, weil sie Botschaften aus der geistigen Welt mitbringen. Wenn wir mit dieser Haltung den Kindern gegenübertreten, dann werden auch sie von uns das entgegennehmen wollen, was wir ihnen aus dem Erdenleben entgegenbringen können. Wir lernen von den Kindern und sie von uns, es ist ein gegenseitiges Geben und Nehmen.

Wir müssen alle unsere Erkenntnisse schon so bewahren, dass sie rinnen können in den sich entwickelnden Menschen. Dann werden wir Michael das Fahrzeug zimmern, werden die Genossen des Michael werden können. Und dasjenige, was Sie wollen, meine lieben Freunde, werden Sie am besten dadurch erreichen, dass Sie sich bewusst werden: Sie wollen Genossen des Michael werden.[108]

Rudolf Steiner

SCHLUSSWORTE

Frieden

Aus den Schlussworten Rudolf Steiners während des Pädagogischen Jugendkurses am 15. Oktober 1922, vier Jahre nach Ende des 1. Weltkrieges, aber auch heute noch brandaktuell:

> *So etwas muß man so gründlich verstehen, daß man sich selbst die Frage beantworten kann, warum sich die Menschen im zweiten Jahrzehnt des zwanzigsten Jahrhunderts zerfleischt haben. Sie haben sich zerfleischt, weil sie den Kampf auf ein Gebiet getragen haben, wo er nicht hingehört, weil sie den eigentlichen Feind, den Drachen, nicht gesehen haben. Zu seiner Besiegung gehören die Kräfte, die erst dann, wenn sie in der richtigen Weise entwickelt werden, auf die Erde den Frieden bringen werden.* [109]

Rudolf Steiner

DANKSAGUNG

Bedanken möchte ich mich bei meiner Tochter Bettina, die mir den Anstoß für die Beiträge und letztlich für dieses Buch gab.

Außerdem bei Jens Göken für sein sorgfältiges Lektorat, der umfangreichen Aktualisierung der Literaturhinweise sowie weiteren Recherchen und Anregungen.

Nicht zuletzt bedanke ich mich bei allen Abonnenten meiner Website[111] und meines Telegram-Kanals[112], die mich durch ihr Interesse an meinen Beiträgen immer wieder ermutigt haben, meine Gedanken zu formulieren und zu veröffentlichen!

LITERATURHINWEISE UND ANMERKUNGEN

¹ Rudolf Steiner, Esoterische Betrachtungen karmischer Zusammenhänge, Zweiter Band, Siebzehn Vorträge, gehalten in Dornach zwischen dem 6. April und 29. Juni 1924, GA 236, 6. Aufl., Dornach 1988, S. 65f.

2 Erstausgabe 1922 als Privatdruck, Stuttgart 1922; erstmals als GA 217 in der 4. Aufl., Dornach 1964; 6. Aufl. ebd. 1988

3 Rudolf Steiner, Geistige Wirkenskräfte im Zusammenleben von alter und junger Generation. Pädagogischer Jugendkurs. Dreizehn Vorträge, gehalten in Stuttgart vom 3. bis 15. Oktober 1922, GA 217, 6. Aufl., Dornach 1988, S. 15–26

4 Das korrekte Zitat, das von Friedrich von Müller stammt, lautet: „Licht war seine letzte Forderung, eine halbe Stunde vor dem Ende befahl er: Die Fensterladen auf, damit mehr Licht eindringe." Interessanterweise ist dann das vielzitierte „mehr Licht" sogar korrekt zitiert, nur eben allzu stark gekürzt! (Siehe dazu Dolf Sternberger: Hauch, Laut und Einbildung. Über die verschiedenen Berichte von Goethes letzten Worten, in: ders.: Über den Tod, Frankfurt am Main 1981, S. 41)

5 Rudolf Steiner, Geistige Wirkenskräfte im Zusammenleben von alter und junger Generation. Pädagogischer Jugendkurs. Dreizehn Vorträge, gehalten in Stuttgart vom 3. bis 15. Oktober 1922, GA 217, 6. Aufl., Dornach 1988, S. 23

6 ebd. S. 20

7 Rudolf Steiner, Mein Lebensgang, GA 28

8 Rudolf Steiner, Geistige Wirkenskräfte im Zusammenleben von alter und junger Generation. Pädagogischer Jugendkurs. Dreizehn Vorträge, gehalten in Stuttgart vom 3. bis 15. Oktober 1922, GA 217, 6. Aufl., Dornach 1988, S. 19

9 ebd. S. 21

10 ebd. S. 22

11 ebd. S. 25

12 Rudolf Steiner, Geistige Wirkenskräfte im Zusammenleben von alter und junger Generation. Pädagogischer Jugendkurs. Dreizehn Vorträge, gehalten in Stuttgart vom 3. bis 15. Oktober 1922, GA 217, 6. Aufl., Dornach 1988, S. 27-42

13 ebd., S. 35

14 siehe ebd., S. 28

15 ebd.

16 ebd., S. 35

17 ebd., S. 38

18 ebd., S. 39

19 ebd.

20 ebd., S. 41

21ebd., S. 36

22 ebd.

23 ebd.

24 ebd., S. 42

25 Rudolf Steiner, Geistige Wirkenskräfte im Zusammenleben von alter und junger Generation. Pädagogischer Jugendkurs. Dreizehn Vorträge, gehalten in Stuttgart vom 3. bis 15. Oktober 1922, GA 217, 6. Aufl., Dornach 1988, S. 43–56

26 Anmerkung: Daher ist auch die Beschäftigung mit anthroposophischen Texten ein wunderbares Mittel, um sein eigenes Denken wieder zu verlebendigen. Man wird folgende Erfahrung machen: Hat man zunächst den Eindruck, dass man „nichts" versteht, so wird man erleben können, dass sich der Radius dessen, was man versteht, immer weiter ausdehnt, weil sich das eigene Denken verwandelt hat.

27 Anregungen und Übungen dazu hat Rudolf Steiner in seinem Buch „Wie erlangt man Erkenntnisse der höheren Welten?" (GA 10, Dornach, 26. Aufl. 2022) gegeben.

28 Ernst-Michael Kranich, Chemie verstehen, Stuttgart 2005

29 Rudolf Steiner, Geistige Wirkenskräfte im Zusammenleben von alter und junger Generation. Pädagogischer Jugendkurs. Dreizehn Vorträge, gehalten in Stuttgart vom 3. bis 15. Oktober 1922, GA 217, 6. Aufl., Dornach 1988, S. 56

30 Rudolf Steiner, Geistige Wirkenskräfte im Zusammenleben von alter und junger Generation. Pädagogischer Jugendkurs. Dreizehn Vorträge, gehalten in Stuttgart vom 3. bis 15. Oktober 1922, GA 217, 6. Aufl., Dornach 1988, S. 57–72

31 ebd. S. 70

32 ebd. S. 71

33 ebd. S. 72

34 Rudolf Steiner, Geistige Wirkenskräfte im Zusammenleben von alter und junger Generation. Pädagogischer Jugendkurs. Dreizehn Vorträge, gehalten in Stuttgart vom 3. bis 15. Oktober 1922, GA 217, 6. Aufl., Dornach 1988, S. 73–87

35 siehe Rudolf Steiner, GA 293, 294 und 295

36 Rudolf Steiner, Geistige Wirkenskräfte im Zusammenleben von alter und junger Generation. Pädagogischer Jugendkurs. Dreizehn Vorträge, gehalten in Stuttgart vom 3. bis 15. Oktober 1922, GA 217, 6. Aufl., Dornach 1988, S. 80

37 Rudolf Steiner, Allgemeine Menschenkunde als Grundlage der Pädagogik,, GA 293, 9. Aufl., Dornach 1992

38 Rudolf Steiner, Geistige Wirkenskräfte im Zusammenleben von alter und junger Generation. Pädagogischer Jugendkurs. Dreizehn Vorträge, gehalten in Stuttgart vom 3. bis 15. Oktober 1922, GA 217, 6. Aufl., Dornach 1988, S. 82

39 Rudolf Steiner, Erziehungskunst. Methodisch-Didaktisches, GA 294

40 ebd., S. 51

41 Dies als kurzer Hinweis, der noch weiter ausgeführt werden müsste, etwa darauf, inwieweit die sehr guten und auch positiven Ansätze der Handlungspädagogik noch erweitert werden könnten, wenn die reine Handlungsebene, die den Willen stärkt, durch die Entwicklung eines entsprechenden Gefühlslebens im Zusammenhang mit der Natur ein zukunftsfähiges Verhältnis zur Natur erst ermöglicht.

42 Rudolf Steiner, Erziehungskunst. Methodisch-Didaktisches, GA 294, 6. Aufl., Dornach 1990, S. 50

43 Rudolf Steiner, Geistige Wirkenskräfte im Zusammenleben von alter und junger Generation. Pädagogischer Jugendkurs. Dreizehn Vorträge, gehalten in Stuttgart vom 3. bis 15. Oktober 1922, GA 217, 6. Aufl., Dornach 1988, S. 87–99

44 Rudolf Steiner, Der Tod als Lebenswandlung, GA 182, 4. Aufl., Dornach 1996, S. 59 f.

45 Gunter Gebhard, „Lebendiges Denken" – „Leibfreies Denken" – eine Gedankenskizze, auf: https://www.antje-bek.de/post/lebendiges-denken-leibfreies-denken-eine-gedankenskizze

46 Rudolf Steiner, Geistige Wirkenskräfte im Zusammenleben von alter und junger Generation. Pädagogischer Jugendkurs. Dreizehn Vorträge, gehalten in Stuttgart vom 3. bis 15. Oktober 1922, GA 217, 6. Aufl., Dornach 1988, S. 92

47 ebd. S. 94

48 ebd.

49 ebd. S. 97

50 ebd.

51 Die Vorträge im ersten Lehrerkurs 1919 verfolgten eben dieses Anliegen.

52 Rudolf Steiner, Erziehungskunst. Methodisch-Didaktisches, GA 294, 6. Aufl., Dornach 1990, S. 50

53 Rudolf Steiner, Geistige Wirkenskräfte im Zusammenleben von alter und junger Generation. Pädagogischer Jugendkurs. Dreizehn Vorträge, gehalten in Stuttgart vom 3. bis 15. Oktober 1922, GA 217, 6. Aufl., Dornach 1988, S. 100–113

54 ebd. S. 107

55 ebd. S. 108

56 ebd. S. 109

57 Siehe dazu auch den Beitrag von Herbert Ludwig, Über die Wissenschaftlichkeit der Anthroposophie, auf:
https://fassadenkratzer.wordpress.com/2022/12/16/uber-die-wissenschaftlichkeit-der-anthroposophie/

58 Rudolf Steiner, Geistige Wirkenskräfte im Zusammenleben von alter und junger Generation. Pädagogischer Jugendkurs. Dreizehn Vorträge, gehalten in Stuttgart vom 3. bis 15. Oktober 1922, GA 217, 6. Aufl., Dornach 1988, S. 114–127

59 siehe dazu auch das Kapitel „Macht die Fensterläden auf!"

60 Rudolf Steiner, Geistige Wirkenskräfte im Zusammenleben von alter und junger Generation. Pädagogischer Jugendkurs. Dreizehn Vorträge, gehalten in Stuttgart vom 3. bis 15. Oktober 1922, GA 217, 6. Aufl., Dornach 1988, S. 126

61 siehe dazu das Kapitel „Trockene und eisige Gegenwartskultur – Wiederbelebungsversuche"

62 Ray Kurzweil, Das Geheimnis des menschlichen Denkens: Einblicke in das Reverse Engineering des Gehirns, Berlin 2015

63 zit. nach https://uncutnews.ch/unerhoert-unheilig-ungesehen-ai-chatbots-kolonisieren-unsere-koepfe/

64 Rudolf Steiner, Initiationserkenntnis. Die geistige und physische Welt- und Menschheitsentwickelung in der Vergangenheit, Gegenwart und Zukunft, vom Gesichtspunkt der Anthroposophie, GA 227, 4. Aufl., Dornach 2000, S. 60

65 ebd.

66 Rudolf Steiner, Geistige Wirkenskräfte im Zusammenleben von alter und junger Generation. Pädagogischer Jugendkurs. Dreizehn Vorträge, gehalten in Stuttgart vom 3. bis 15. Oktober 1922, GA 217, 6. Aufl., Dornach 1988, S. 126

67 ebd. S. 125

68 siehe dazu auch das Kapitel „Macht die Fensterläden auf!"

69 Rudolf Steiner, Initiationserkenntnis. Die geistige und physische Welt- und Menschheitsentwickelung in der Vergangenheit, Gegenwart und Zukunft, vom Gesichtspunkt der Anthroposophie, GA 227

70 Rudolf Steiner, Initiationserkenntnis, Die geistige und physische Welt- und Menschheitsentwickelung in der Vergangenheit, Gegenwart und Zukunft, vom Gesichtspunkt der Anthroposophie, 4. Aufl., Dornach 2000, GA 227, S. 60

71 siehe dazu auch: Gunter Gebhard, „Lebendiges Denken" – „Leibfreies Denken" – eine Gedankenskizze, auf: https://www.antje-bek.de/post/lebendiges-denken-leibfreies-denken-eine-gedankenskizze

72 Rudolf Steiner, Initiationserkenntnis. Die geistige und physische Welt- und Menschheitsentwickelung in der Vergangenheit, Gegenwart und Zukunft, vom Gesichtspunkt der Anthroposophie, GA 227, 4. Aufl., Dornach 2000, S. 60

73 Rudolf Steiner, Geistige Wirkenskräfte im Zusammenleben von alter und junger Generation. Pädagogischer Jugendkurs. Dreizehn Vorträge, gehalten in Stuttgart vom 3. bis 15. Oktober 1922, GA 217, 6. Aufl., Dornach 1988, S. 128–140

74 Künstliche Säuglingsnahrung, die aus tierischer Muttermilch hergestellt ist, muss daher in aufwendigen Verfahren erst so zubereitet werden, dass die Kinder sie verdauen können.

75 „Die Milch trägt ihren Geist in sich, und dieser Geist hat die Aufgabe, den schlafenden Kindesgeist zu wecken. Es ist kein bloßes Bild, sondern es ist eine tiefbegründete naturwissenschaftliche Tatsache, daß der in der Natur sitzende Genius, der aus dem geheimnisvollen Untergrund der Natur heraus die Substanz Milch entstehen läßt, der Wecker des schlafenden Menschengeistes im Kinde ist." Rudolf Steiner, GA 293, S. 163

76 siehe das Kapitel „Die Göttlichkeit des Denkens und künstliche Intelligenz"

77 Rudolf Steiner, Geistige Wirkenskräfte im Zusammenleben von alter und junger Generation. Pädagogischer Jugendkurs. Dreizehn Vorträge, gehalten in Stuttgart vom 3. bis 15. Oktober 1922, GA 217, 6. Aufl., Dornach 1988, S. 130

78 ebd., S. 131

79 Siehe auf:
https://www.aerztezeitung.de/Medizin/Psychische-Folgen-der-Pandemie-bei-Jugendlichen-gravierender-als-angenommen-421778.html

80 Rudolf Steiner, Geistige Wirkenskräfte im Zusammenleben von alter und junger Generation, Pädagogischer Jugendkurs, Dreizehn Vorträge, gehalten in Stuttgart vom 3. bis 15. Oktober 1922, GA 217, 6. Aufl., Dornach 1988, S. 136

81 ebd.

82 ebd, S. 137

83 Rudolf Steiner, Geistige Wirkenskräfte im Zusammenleben von alter und junger Generation. Pädagogischer Jugendkurs. Dreizehn Vorträge, gehalten in Stuttgart vom 3. bis 15. Oktober 1922, GA 217, 6. Aufl., Dornach 1988, S. 141-155

84 Siehe auf: https://anthrowiki.at/Biografiearbeit, dort auch weitere Literaturhinweise zum Thema

85 Rudolf Steiner, Geistige Wirkenskräfte im Zusammenleben von alter und junger Generation. Pädagogischer Jugendkurs. Dreizehn Vorträge, gehalten in Stuttgart vom 3. bis 15. Oktober 1922, GA 217, 6. Aufl., Dornach 1988, S. 146

86 Rudolf Steiner, Die Philosophie der Freiheit. Grundzüge einer modernen Weltanschauung. Seelische Beobachtungsresultate nach naturwissenschaftlicher Methode, Berlin 1093, GA 4, 17. Aufl., Dornach 2021

87 ebd., S. 154

88 Rudolf Steiner, Geistige Wirkenskräfte im Zusammenleben von alter und junger Generation. Pädagogischer Jugendkurs. Dreizehn Vorträge, gehalten in Stuttgart vom 3. bis 15. Oktober 1922, GA 217, 6. Aufl., Dornach 1988, S. 156–169

89 ebd., S. 162

90 ebd.

91 Dazu schreibt Tomáš Zdražil: „Das „Vergehen" der Schüler lag konkret in kleinen Diebstählen, Saufereien, im Experimentieren mit Injektionen, im Verbreiten von pornographischer Literatur u.a.., (..) Im Zusammenhang mit dieser Gruppe ist dann noch ein anderer Fall aufgedeckt worden: Diese Schüler hatten auch versucht einen anderen – auch problematischen, weil psychisch

gestörten und suizidgefährdeten – Schüler zu hypnotisieren." Tomás Zdrazil, Freie Waldorfschule in Stuttgart 1919 –1925, Stuttgart 2019, S. 372

92 Rudolf Steiner, Allgemeine Menschenkunde als Grundlage der Pädagogik, GA 293, 9. Aufl., Dornach 1992

93 Rudolf Steiner, Geistige Wirkenskräfte im Zusammenleben von alter und junger Generation. Pädagogischer Jugendkurs. Dreizehn Vorträge, gehalten in Stuttgart vom 3. bis 15. Oktober 1922, GA 217, 6. Aufl., Dornach 1988, S. 164

94 ebd., S. 160

95 ebd., S. 162

96 ebd., S. 179

97 Rudolf Steiner, Geistige Wirkenskräfte im Zusammenleben von alter und junger Generation. Pädagogischer Jugendkurs. Dreizehn Vorträge, gehalten in Stuttgart vom 3. bis 15. Oktober 1922, GA 217, 6. Aufl., Dornach 1988, S. 170–183

98 ebd., S. 177

99 ebd., S. 181

100 ebd.

101 „Auf Augenhöhe" ist ein sehr passendes Bild für die Begegnung von „Ich" zu „Ich", denn gerade durch die Augen, durch den Blick begegnen wir dem Ich des anderen. So schauen wir weg, wenn wir uns schämen oder wenn uns jemand auf eine Weise anschaut, der das „Allerheiligste" in uns nicht respektiert. Andererseits suchen wir geradezu den Blick des Menschen, mit dem wir uns innigst verbunden fühlen.

102 Rudolf Steiner, Geistige Wirkenskräfte im Zusammenleben von alter und junger Generation. Pädagogischer Jugendkurs. Dreizehn Vorträge, gehalten in Stuttgart vom 3. bis 15. Oktober 1922, GA 217, 6. Aufl., Dornach 1988, S. 180

103 Rudolf Steiner, Geistige Wirkenskräfte im Zusammenleben von alter und junger Generation. Pädagogischer Jugendkurs. Dreizehn Vorträge, gehalten in Stuttgart vom 3. bis 15. Oktober 1922, GA 217, 6. Aufl., Dornach 1988, S. 184-197

104 ebd. S. 182

105 Siehe auf: https://de.wikipedia.org/wiki/Mensch

106 C.F.v. Weizsäcker: Die Tragweite der Wissenschaft, Stuttgart 1964, S. 201 zit. n. Wolfgang Knüll, Nahtoderfahrungen – Blick in eine andere Welt, Aktuelle Antworten der Wissenschaft, Patmos-Verlag, Ostfildern 2023

107 Rudolf Steiner, Geistige Wirkenskräfte im Zusammenleben von alter und junger Generation. Pädagogischer Jugendkurs. Dreizehn Vorträge, gehalten in Stuttgart vom 3. bis 15. Oktober 1922, GA 217, 6. Aufl., Dornach 1988, S. 190

108 ebd. S. 193

109 ebd. S. 195

110 ebd. S. 196

111 https://www.antje-bek.de

112   Kanalname: „In Bewegung: Pädagogik nach Rudolf Steiner",
https://t.me/Waldorfpaedagogen

Fotos

Chastagner Thierry/Unsplash
Robynne Hu / Unsplash
Gavin Spear / Unsplash
30daysreplay Social Media Marketing / Unsplash
Jennifer Latuperisa-Andresen/Unsplash
Julia Cheperis / Unsplash
Hansjörg Keller / Unsplash
Possessed Photography /Unsplash
Alexander Shustov / Unsplash
Karine Avetisyan / Unsplash
RhondaK Native Florida Folk Artist / Unsplash
Sebastián León Prado / Unsplash
https://commons.wikimedia.org/wiki/File:Mikharkhangel.jpg?uselang=de

Autorennotiz

Antje Bek

war 16 Jahre Klassen- und Sportlehrerin an einer Waldorfschule im Ruhrgebiet, bevor sie sieben Jahre als Dozentin in der dualen Klassenlehrerausbildung am Waldorfinstitut Witten Annen tätig war.

Heute freiberufliche Dozententätigkeit im In- und Ausland sowie Autorin und Beraterin von Schulen und Gründungsinitiativen. Mitherausgeberin der Zeitschrift „erWACHSEN&WERDEN". Sie ist Mutter von drei wunderbaren Kindern und Omi von drei lebendigen Enkelkindern.

Weitere Bücher von Antje Bek

Bruchrechnen begreifen

Ein kreativer Kurs für die Unterrichtspraxis

Erschienen bei BoD, Norderstedt, 2021,
Buch: 17,50 Euro
E-Book: 9,99 Euro

Waldorfpädagogik als spirituelle Pädagogik

Was kann für eine heilsame Zukunft der Menschheit getan werden?

Erschienen bei BoD, Norderstedt, 2022
Buch: 10 Euro
kostenloser Download auf
www.antje-bek.de